Decoration Beads

おしゃれな デコレーションビーズ

瀬戸 まり子

日本ヴォーグ社

オーストラリアのショーンシープから直輸入の
デコレーションビーズを使ってアクセサリーを
作ってみました。
ネックレスの通し紐にはトラディショナルな
リバティの布地を切って用いています。

ビーズの種類は6種類。
さまざまな大きさと色があり、選ぶのも楽しい作業です。
どれもゴージャスで上品な手づくり感覚にあふれた素材を使い、
ビーズの間に結び目を作る手法を使っていますので、
誰にでも簡単に作ることができます。

ショーンシープのマルチカラーヤーンや、
フェルトエレメントも加えて35点の作品を提案しました。

自分に合う素材と色を見つけて、
あなただけのおしゃれを楽しんでください。

ロングネックレスの共通の作り方

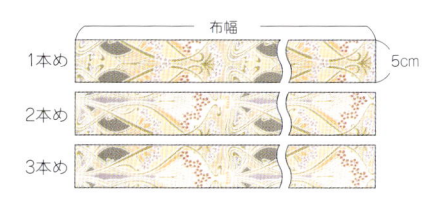

① 5cm×布幅に切った布テープを3本用意します。
② 1本めの布テープの中心にショーンビーズを通し、両脇に結びだまを1ヶづつ作ります。（下記参照）
③〈ビーズを通し、結びだまを作る〉これを繰り返します。途中で布が足りなくなったら2本めの布テープを縫い合わせます。（下記、布テープの縫い合わせ方を参照）縫い合わせた部分がショーンビーズの中に隠れる位置で縫い合わせ、1本めの余った布テープはカットします。
④ 片側が出来上がったら、反対側も同様に作ります。

チョーカーの共通の作り方

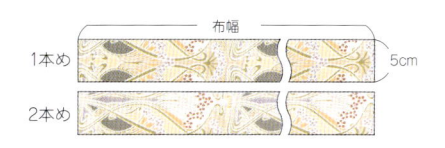

① 5cm幅に切った布テープを2本用意し、中表に縫い合わせます。（下記、布テープの縫い合わせ方を参照）
② 縫い合わせた布の中心にビーズを通します。このとき縫い目はビーズの中に隠れるようにします。
③ 結びだまを②で通したビーズの両脇に作ります。（下記参照）
④〈ビーズを通し、結びだまを作る〉これをくり返して片側半分を作ります。
⑤ 片側が出来上がったら、反対側も同様に作ります。

布テープの縫い合わせ方

① 布テープを2本中表に合わせ、端から5〜7mmくらいの所を縫います。
② 縫い合わせたら縫い代は割っておきます。

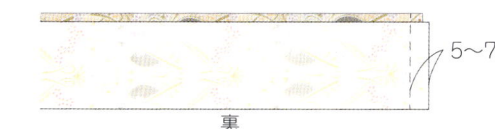

ビーズの通し方

① ピンセットの先を使ってビーズに布テープや毛糸、リボンヤーンを押し込みます。 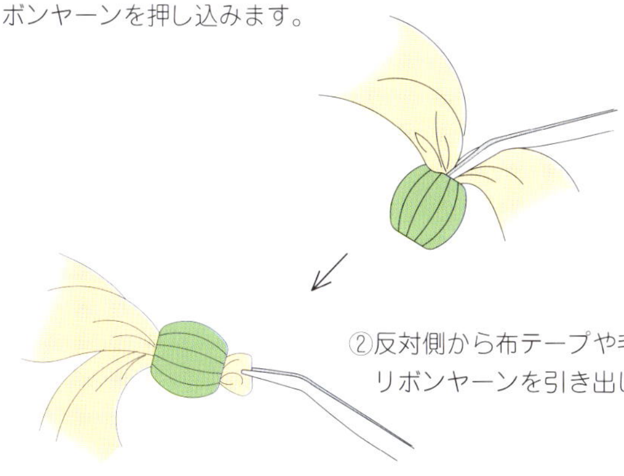
② 反対側から布テープや毛糸、リボンヤーンを引き出します。

結びだまの共通の作り方

① まず片結びを1回作ります。
② ①で作った片結びを包み込むようにもう一度片結びを作ります。
③ 布を引き締めて形を整えてください。

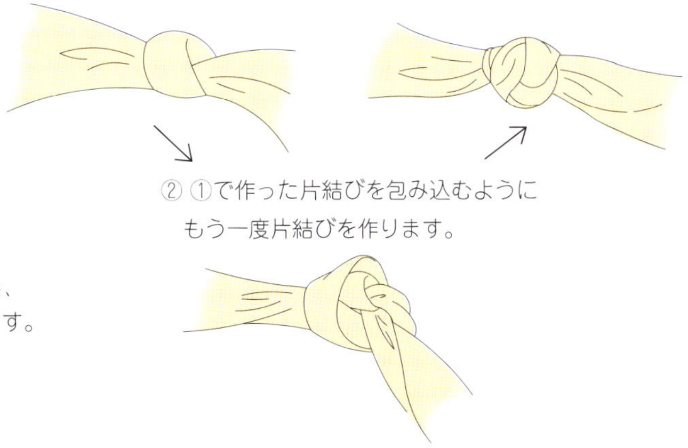

La France
ラ・フランス色のビーズネックレス

coquille Saint Jaques
生成りのロングネックレス

La France
ラ・フランス色のビーズネックレス

ラ・フランスの果肉の色のような
生成りのニットビーズに
アクリルのカットビーズでアクセントを。

[作り方]
5ページの作り方を参照してください。
布テープの縫い合わせ方、ビーズの通し方、結びだまの作り方は共通です。

[材料]

ショーンビーズ〈BK9007〉	10mm	2
	15mm	4
	18mm	2
	22mm	1
PPミラクルボール〈7030〉	col. 2	5
（アクリルビーズ）	col. 3	10
	col. 4	2
	col. 13	1
	col. 14	4
	col. 15	4

生地　リバティー・アイアンシー
〈3336036X 黄〉15cmカット

結びだま8ヶ
※結びだまと結びだまの間は
5mmから1cmの余裕を作ります

結びだま8ヶ

オレンジ色 — 茶色
オレンジ色 — 茶色
ピンク — 黄
黄 — 黄
オレンジ色 — オレンジ色
B 10mm — B 10mm
黒 — 黄
オレンジ色 — オレンジ色
B 15mm — B 15mm
うす茶 — 黒
オレンジ色 — 黄
黒 — 茶色
○＝アクリルビーズ
B 15mm — B 15mm
ピンク — 黒
オレンジ色 — 茶色
B 18mm — B 18mm
オレンジ色 — 結びだま — オレンジ色
↑
中心
B 22mm

アクリルビーズ　12mm
黄…col. 2
オレンジ色…col. 3
ピンク…col. 4
うす茶…col. 13
茶色…col. 14
黒…col. 15

B＝ニット〈BK〉

※ショーンビーズは全てアイボリー

coquille Saint Jaques

生成りのロングネックレス

どれも凝った3種類のビーズを使って
すべて生成りで仕上げた品のよいネックレス。
中心にはターバンタイプの大玉をあしらいます。

[作り方]
5ページの作り方を参照してください。
布テープの縫い合わせ方、ビーズの通し方、結びだまの作り方は共通です。

[材 料]

ショーンビーズ〈BP9002〉	10mm	6
	15mm	4
	18mm	2
	22mm	4
〈BW9005〉	10mm	1
	15mm	4
〈BT9004〉	18mm	2
	22mm	1

生地　リバティー・ベラキア
　　　〈3637014A 白〉15cmカット

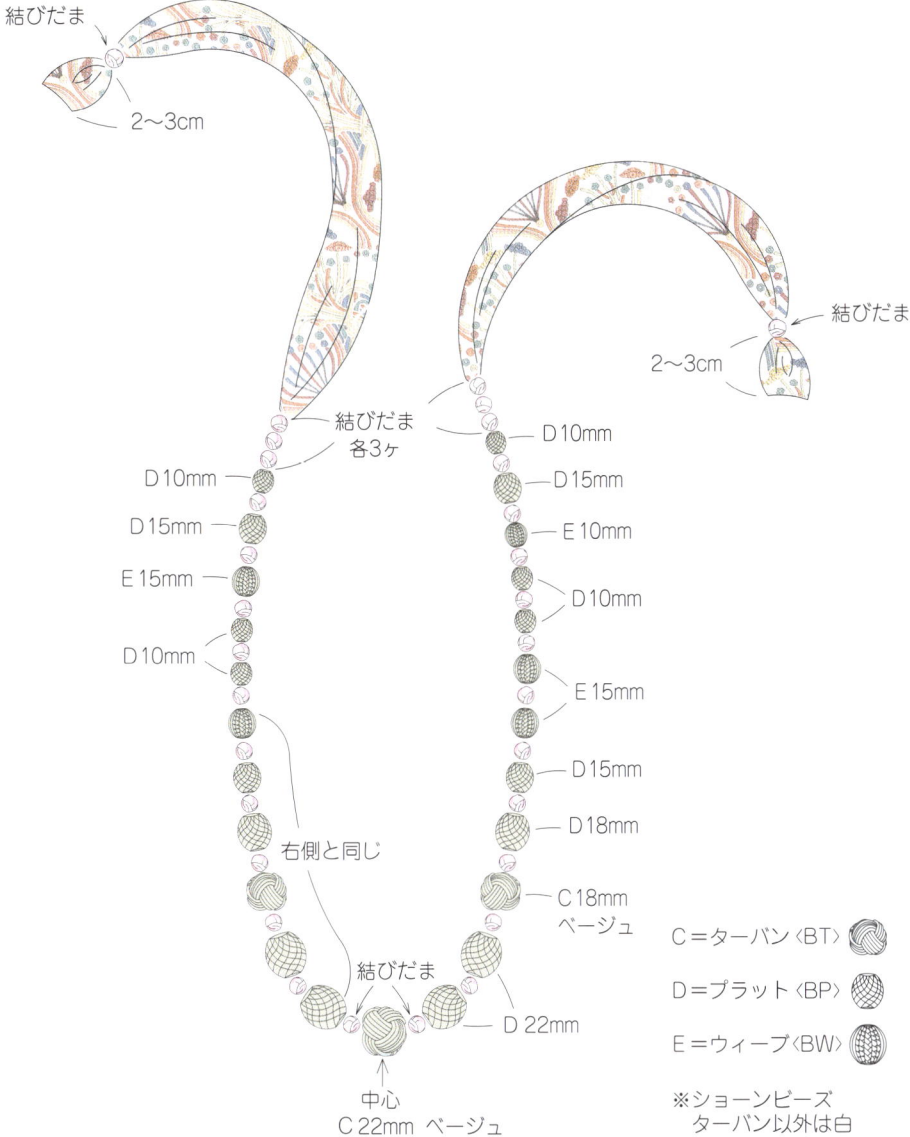

結びだま
2～3cm
結びだま 各3ヶ
D 10mm
D 15mm
E 15mm
D 10mm
右側と同じ
結びだま
中心
C 22mm ベージュ
D 22mm
C 18mm ベージュ
D 18mm
D 15mm
E 15mm
D 10mm
E 10mm
D 15mm
D 10mm
結びだま
2～3cm

C＝ターバン〈BT〉
D＝プラット〈BP〉
E＝ウィープ〈BW〉

※ショーンビーズ
ターバン以外は白

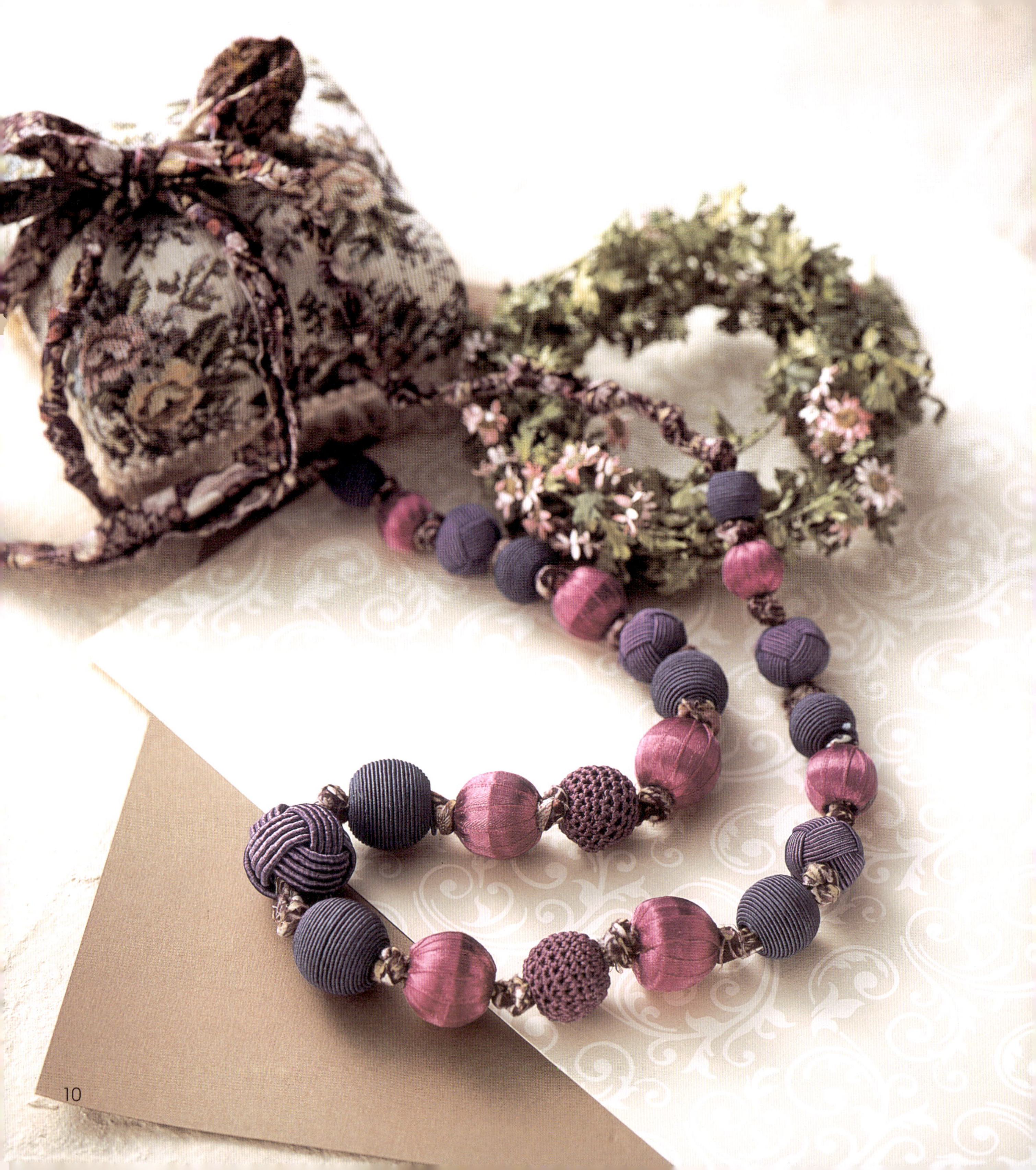

raisin sec

レーズンカラーのロングネックレス

大玉ビーズは紫系のレーズンカラーでそろえて。
同系色の布リバティ・ストロベリーチーフを通して
クラシカルにまとめます。

[作り方]
5ページの作り方を参照してください。
布テープの縫い合わせ方、ビーズの
通し方、結びだまの作り方は共通です。

[材料]
ショーンビーズ〈BR4002〉 15mm 2
　　　　　　　　　　　　 18mm 2
　　　　　　　　　　　　 22mm 4
　　　　　〈BS4001〉 10mm 2
　　　　　　　　　　 15mm 2
　　　　　　　　　　 18mm 2
　　　　　　　　　　 22mm 2
　　　　　〈BT4001〉 18mm 4
　　　　　　　　　　 22mm 1
　　　　　〈BK4002〉 18mm 2
生地　リバティー・ストロベリーチーフ
　　　〈3335061G 紫〉15cmカット

A = リボン 〈BR〉
B = ニット 〈BK〉
C = ターバン 〈BT〉
F = スワール 〈BS〉

結びだま
3〜4cm　3〜4cm

結びだま
8ヶ

F 10mm 紫
A 15mm 赤紫
C 18mm 紫
F 15mm 紫
A 18mm 赤紫
C 18mm 紫
F 18mm 紫
A 22mm 赤紫
B 18mm 赤紫
結びだま
A 22mm 赤紫
F 22mm 紫
↑
中心
C 22mm 紫

※中心から左右対称

moules
ムール貝色のチョーカー

champignon
マッシュルームのチョーカー

moules
ムール貝色のチョーカー

ムール貝のようなブラックの光沢が
ゴージャスなチョーカーです。

champignon
マッシュルームのチョーカー

マッシュルームを思わせるベージュと白。
上品な輝きを楽しみましょう。

[作り方]
5ページの作り方を参照してください。
布テープの縫い合わせ方、ビーズの通
し方、結びだまの作り方は共通です。

[材料] moules
ショーンビーズ 〈BS1001〉 15mm 2
              18mm 1
              22mm 1
        〈BR1007〉 15mm 1
              18mm 1
              22mm 2
        〈BW1005〉 18mm 1
        〈BP1002〉 18mm 2
        〈BT1003〉 18mm 1
              22mm 1
生地 リバティー・ストロベリーチーフ
    〈3335061F 紺〉10cmカット

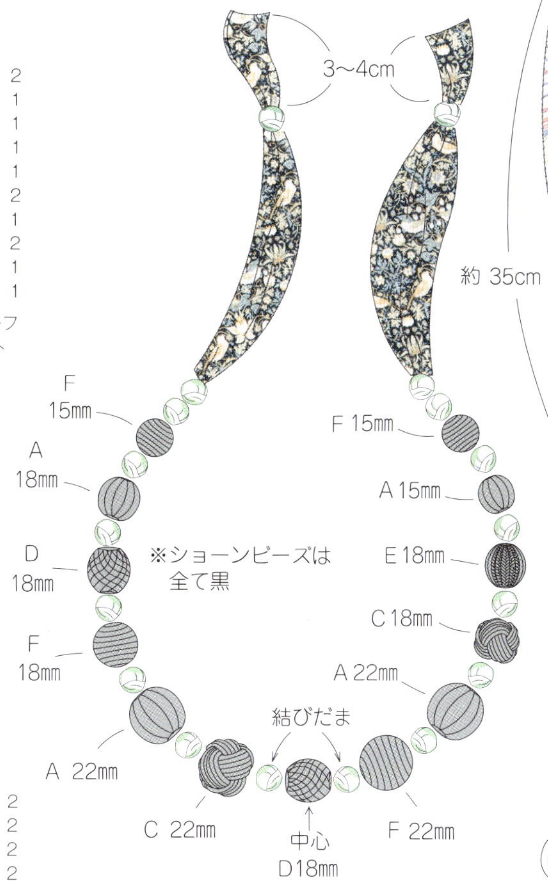

3〜4cm
約35cm
約30cm

F 15mm
A 18mm
D 18mm
F 18mm
A 22mm
C 22mm
※ショーンビーズは全て黒
F 15mm
A 15mm
E 18mm
C 18mm
A 22mm
結びだま
中心 D18mm
F 22mm

結びだま 4ヶ
A 15mm
C 18mm
A 22mm
C 22mm
B 22mm アイボリー
E 22mm
結びだま 3ヶ
※ショーンビーズは
指定以外はベージュ
ビーズの配置は
左右対称
結びだま
中心
D 22mm

[材料] champignon
ショーンビーズ 〈BR9010〉 15mm 2
              22mm 2
        〈BT9005〉 18mm 2
              22mm 2
        〈BK9007〉 22mm 1
        〈BK9008〉 22mm 1
        〈BW9003〉 22mm 2
        〈BP9003〉 22mm 1
生地 リバティー・ベラギア
    〈3637014A 白〉10cmカット

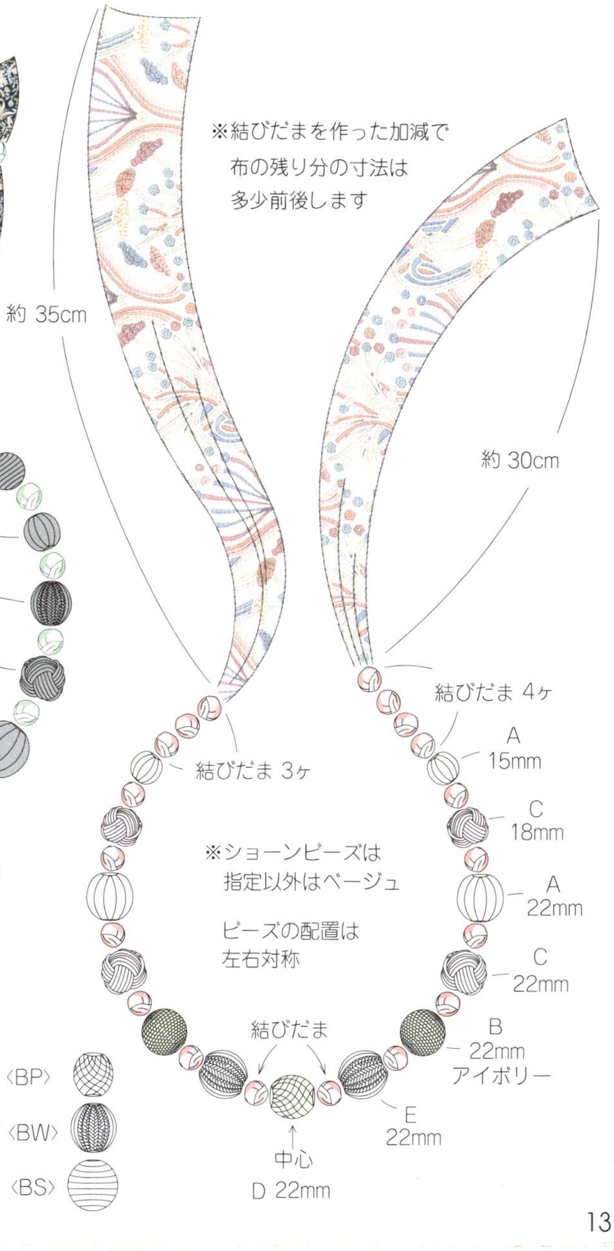

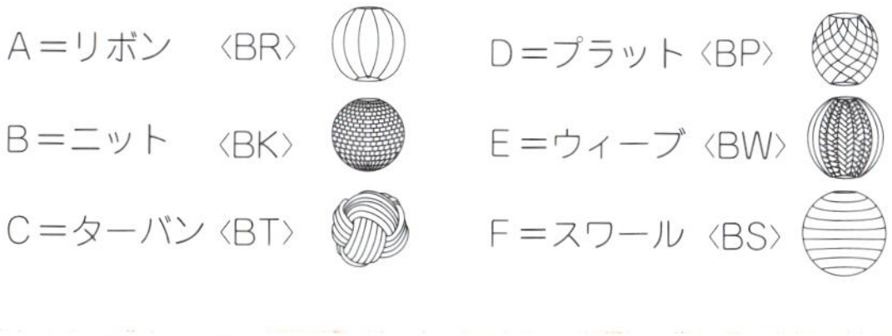

※結びだまを作った加減で
布の残り分の寸法は
多少前後します

A＝リボン 〈BR〉
B＝ニット 〈BK〉
C＝ターバン 〈BT〉
D＝プラット 〈BP〉
E＝ウィーブ 〈BW〉
F＝スワール 〈BS〉

le bleu

海の色のロングネックレス

olive
オリーブの首飾り

le bleu

海の色のロングネックレス

海の色が光と時間で変化するように
微妙に変わるさまざまなブルー。
ファッションコーディネートの挿し色として
使ってみましょう。

[作り方]
5ページの作り方を参照してください。
布テープの縫い合わせ方、ビーズの通し方、結びだまの作り方は共通です。

[材料]
ショーンビーズ 〈BP5003〉 10mm 2
　　　　　　　　　　　　 15mm 4
　　　　　　　　　　　　 18mm 2
　　　　　　　　　　　　 22mm 1
　　　　　　〈BK5006〉 15mm 2
　　　　　　　　　　　　 18mm 2
　　　　　　　　　　　　 22mm 2
　　　　　　〈BT5003〉 18mm 2
　　　　　　　　　　　　 22mm 1
　　　　　　〈BW5003〉 18mm 2
　　　　　　　　　　　　 22mm 1

生地　リバティー・ストロベリーチーフ
　　　〈3335061F 紺〉15cmカット

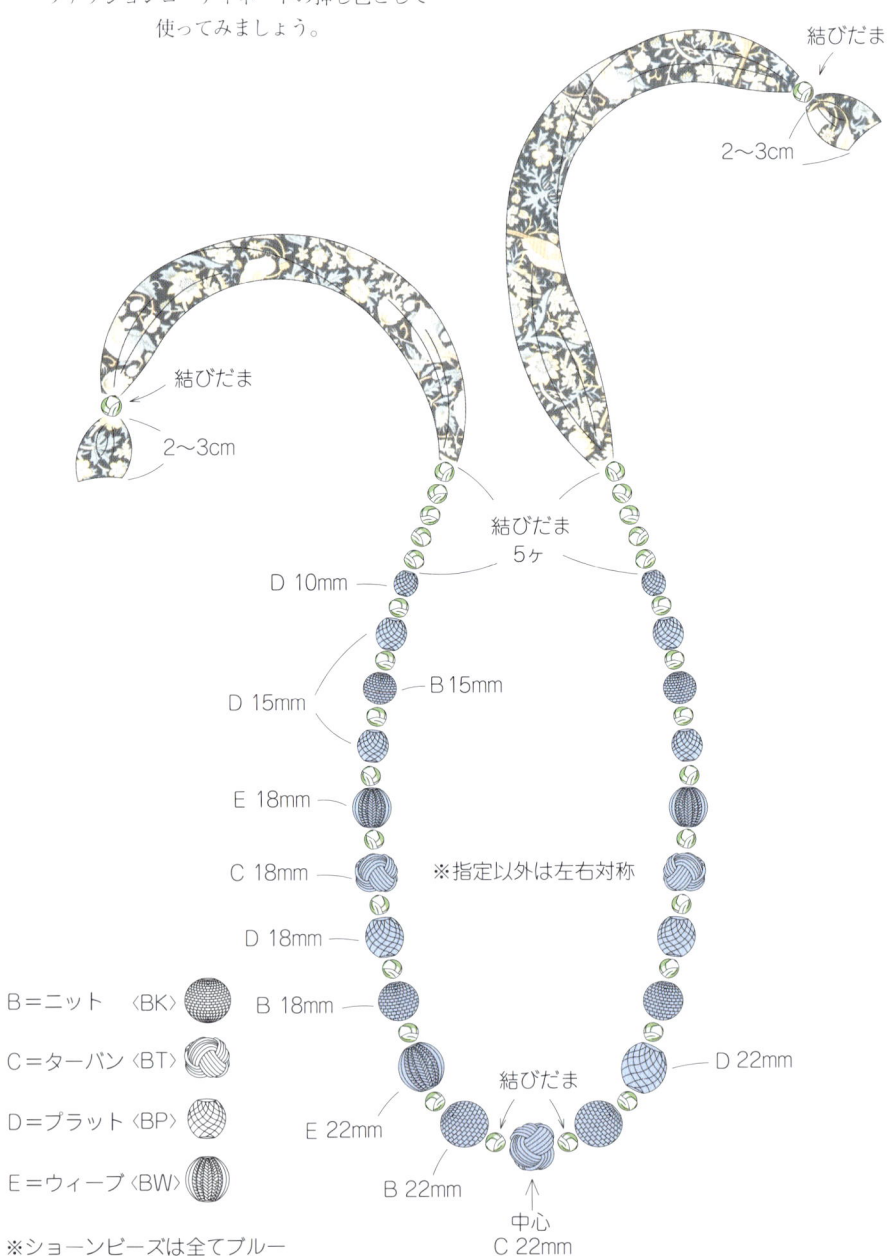

結びだま
2～3cm
結びだま
2～3cm
結びだま 5ヶ
D 10mm
B 15mm
D 15mm
E 18mm
C 18mm
※指定以外は左右対称
D 18mm
B=ニット〈BK〉
C=ターバン〈BT〉
D=プラット〈BP〉
E=ウィーブ〈BW〉
B 18mm
D 22mm
結びだま
E 22mm
B 22mm
中心
C 22mm

※ショーンビーズは全てブルー

olive
オリーブの首飾り

オリーブの実を連想させるグリーンの共演。
黄色と緑のアクリルビーズで輝きを加えたロングネックレス。

[作り方]
5ページの作り方を参照してください。
布テープの縫い合わせ方、ビーズの通し方、結びだまの作り方は共通です。

[材 料]

ショーンビーズ	〈BK6003〉	15mm	4
		18mm	2
		22mm	2
	〈BR6002〉	15mm	4
		18mm	2
		22mm	1
PPミラクルボール 〈7030〉			
（アクリルビーズ）	col.11	12mm	5
	col. 2	12mm	3
生地	リバティー・アイアンシー		
	〈3336036X 黄〉15cmカット		

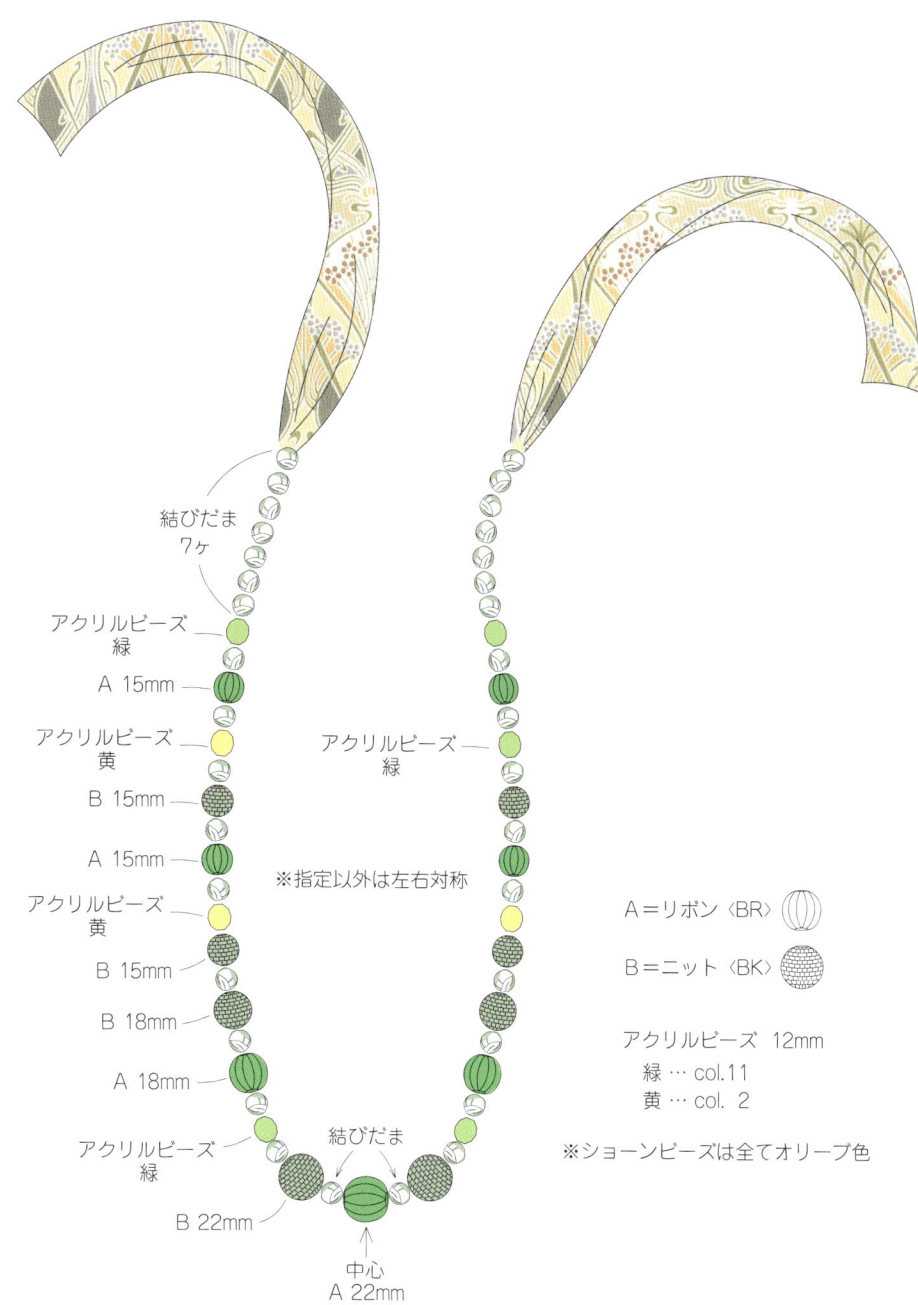

結びだま 7ヶ
アクリルビーズ 緑
A 15mm
アクリルビーズ 黄
B 15mm
A 15mm
アクリルビーズ 黄
B 15mm
B 18mm
A 18mm
アクリルビーズ 緑
B 22mm
結びだま
中心
A 22mm

アクリルビーズ 緑

※指定以外は左右対称

A＝リボン〈BR〉
B＝ニット〈BK〉

アクリルビーズ 12mm
緑 … col.11
黄 … col. 2

※ショーンビーズは全てオリーブ色

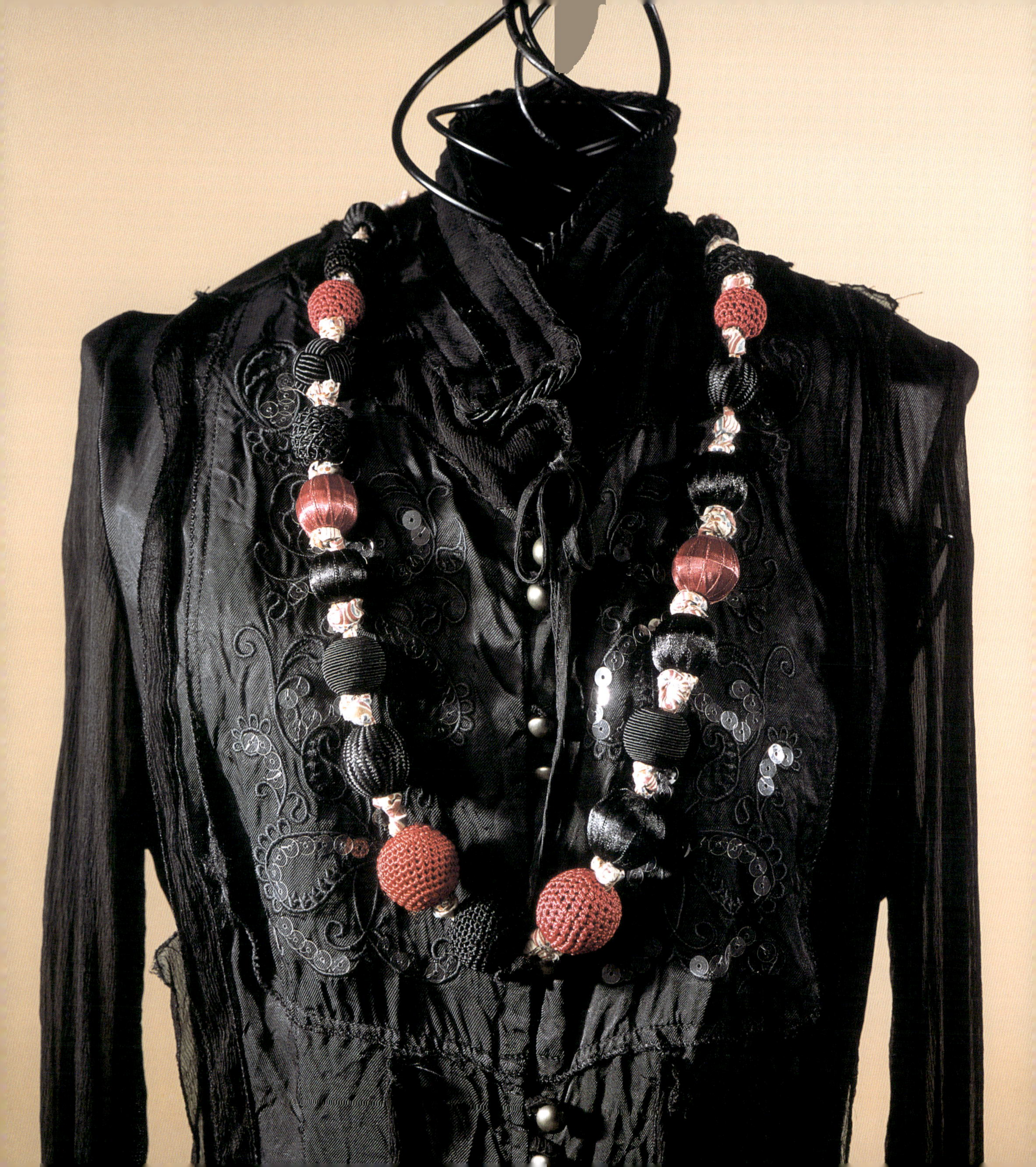

le rouge et le noir
赤と黒のロングネックレス

鮮烈な赤と黒のコントラストが
ポジティブな印象のロングネックレス。
ソワレに合わせてカジュアルなパーティーにも……

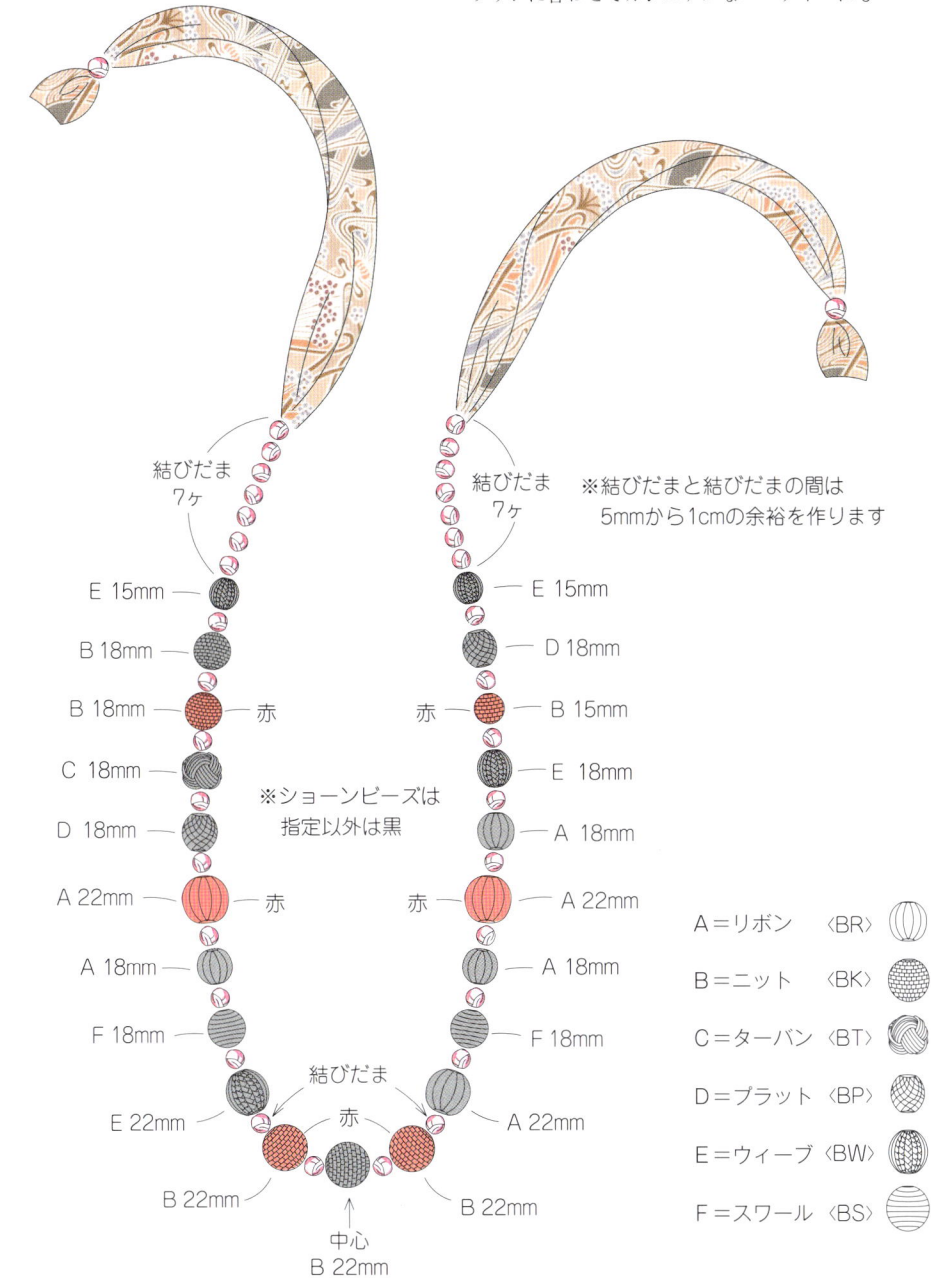

[作り方]
5ページの作り方を参照してください。
布テープの縫い合わせ方、ビーズの通し方、結びだまの作り方は共通です。

[材料]
ショーンビーズ〈BW1005〉15mm 2
　　　　　　　　　　　18mm 1
　　　　　　　　　　　22mm 1
　　　　　〈BK1007〉18mm 1
　　　　　　　　　　　22mm 1
　　　　　〈BK3010〉15mm 1
　　　　　　　　　　　18mm 1
　　　　　　　　　　　22mm 2
　　　　　〈BP1002〉18mm 2
　　　　　〈BT1003〉18mm 1
　　　　　〈BR1007〉18mm 3
　　　　　　　　　　　22mm 1
　　　　　〈BR3012〉22mm 2
　　　　　〈BS1001〉18mm 2

生地　リバティー・アイアンシー
　　　〈3336036D 朱〉15cmカット

結びだま 7ヶ

※結びだまと結びだまの間は
5mmから1cmの余裕を作ります

E 15mm
B 18mm
B 18mm — 赤
C 18mm
D 18mm
A 22mm — 赤
A 18mm
F 18mm
E 22mm — 結びだま 赤
B 22mm

中心
B 22mm

E 15mm
D 18mm
B 15mm — 赤
E 18mm
A 18mm
A 22mm — 赤
A 18mm
F 18mm
A 22mm

※ショーンビーズは
指定以外は黒

A＝リボン　〈BR〉
B＝ニット　〈BK〉
C＝ターバン　〈BT〉
D＝プラット　〈BP〉
E＝ウィーブ　〈BW〉
F＝スワール　〈BS〉

19

20

le marron et le fromage

マロンとチーズ色のロングネックレス

ベージュから茶系に流れていく色合いが
秋を感じさせるロングネックレス。
シックなファッションのポイントとして。

[作り方]
5ページの作り方を参照してください。
布テープの縫い合わせ方、ビーズの通し方、結びだまの作り方は共通です。

[材料]

ショーンビーズ 〈BP9003〉 18mm 1
　　　　　　　　　　　　22mm 1
　　　　　　〈BK8004〉 15mm 1
　　　　　　　　　　　　22mm 1
　　　　　　〈BW2001〉 18mm 2
　　　　　　〈BW9003〉 18mm 1
　　　　　　　　　　　　22mm 1
　　　　　　〈BP8001〉 18mm 1
　　　　　　　　　　　　22mm 1
　　　　　　〈BP2001〉 18mm 2
　　　　　　　　　　　　22mm 2
　　　　　　〈BW8004〉 18mm 1
　　　　　　　　　　　　22mm 3
　　　　　　〈BK9008〉 18mm 1
　　　　　　　　　　　　22mm 1
　　　　　　〈BT2004〉 22mm 1
　　　　　　〈BK2004〉 22mm 1

生地　リバティー・ベラギア
　　　〈3637014A 白〉15cmカット

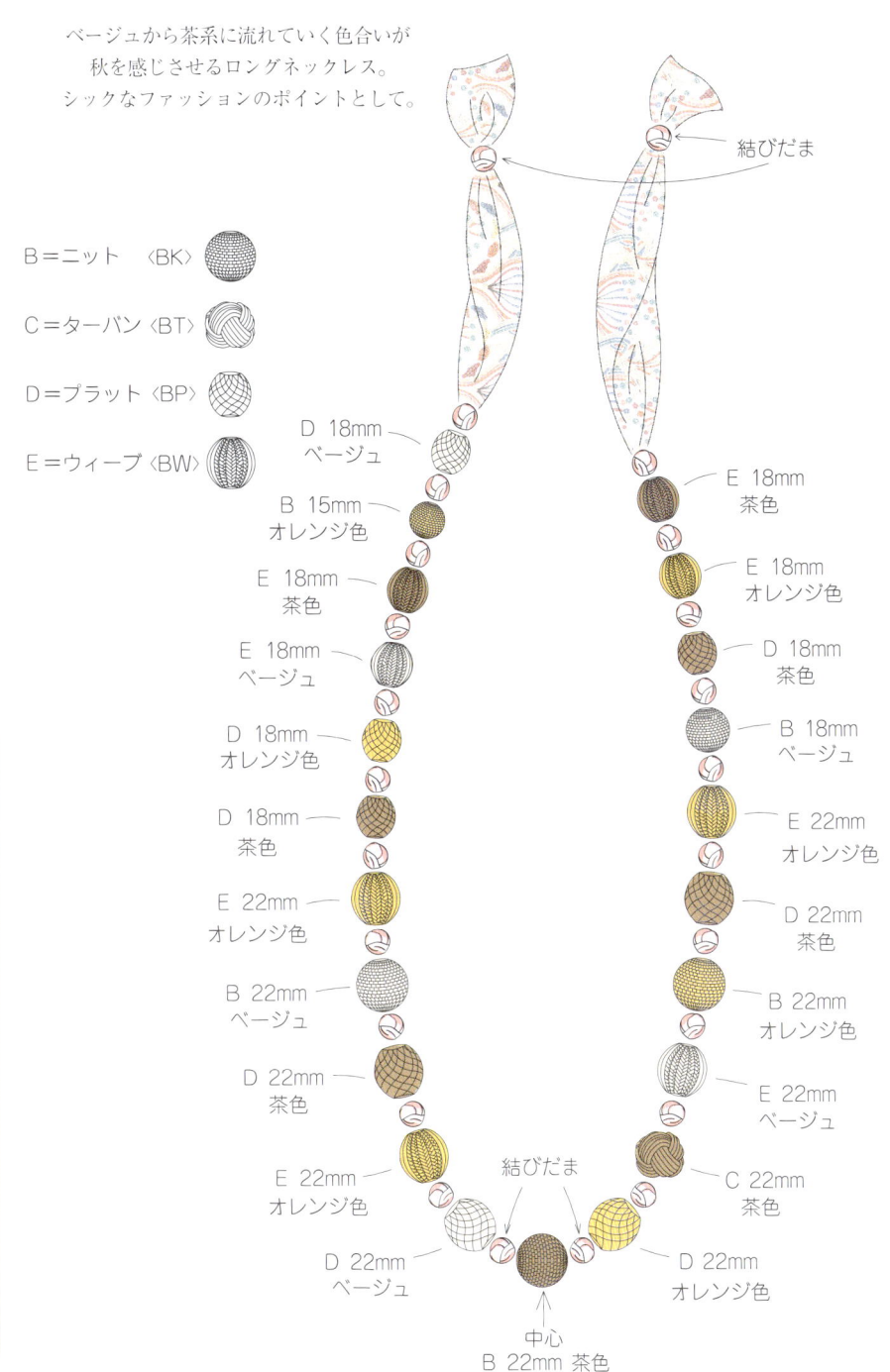

B＝ニット 〈BK〉
C＝ターバン 〈BT〉
D＝プラット 〈BP〉
E＝ウィーブ 〈BW〉

結びだま

D 18mm ベージュ
E 18mm 茶色
B 15mm オレンジ色
E 18mm 茶色
E 18mm ベージュ
D 18mm 茶色
D 18mm オレンジ色
B 18mm ベージュ
D 18mm 茶色
E 22mm オレンジ色
E 22mm オレンジ色
D 22mm 茶色
B 22mm ベージュ
B 22mm オレンジ色
D 22mm 茶色
E 22mm ベージュ
E 22mm オレンジ色
C 22mm 茶色
結びだま
D 22mm ベージュ
D 22mm オレンジ色
中心
B 22mm 茶色

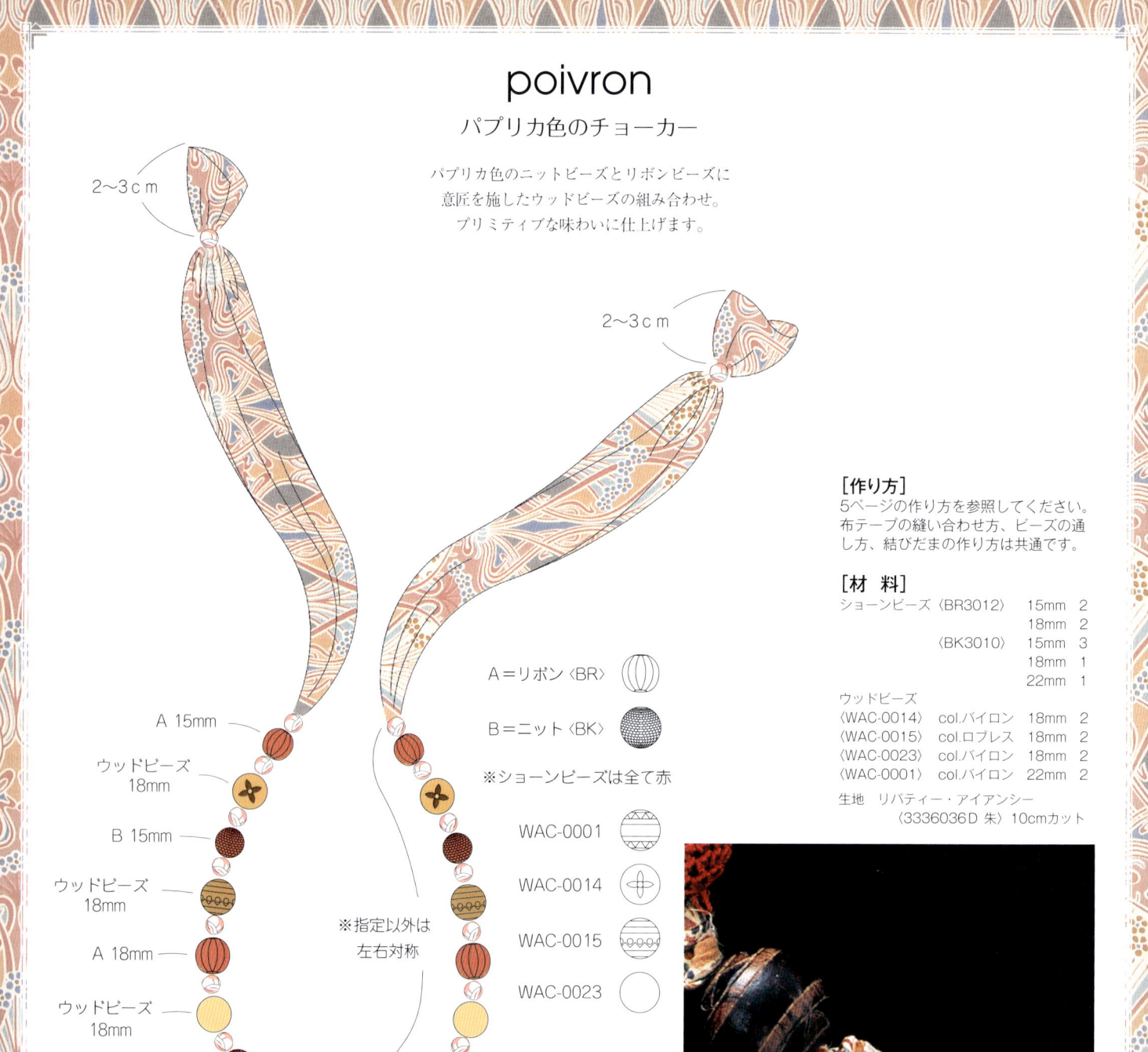

poivron
パプリカ色のチョーカー

パプリカ色のニットビーズとリボンビーズに
意匠を施したウッドビーズの組み合わせ。
プリミティブな味わいに仕上げます。

2〜3cm

2〜3cm

A 15mm
ウッドビーズ 18mm
B 15mm
ウッドビーズ 18mm
A 18mm
ウッドビーズ 18mm
B 18mm
ウッドビーズ 22mm
中心
B 22mm

A＝リボン〈BR〉
B＝ニット〈BK〉
※ショーンビーズは全て赤

WAC-0001
WAC-0014
WAC-0015
WAC-0023

※指定以外は
左右対称

結びだま

[作り方]
5ページの作り方を参照してください。
布テープの縫い合わせ方、ビーズの通
し方、結びだまの作り方は共通です。

[材料]
ショーンビーズ 〈BR3012〉 15mm 2
　　　　　　　　　　　　　　18mm 2
　　　　　　　〈BK3010〉 15mm 3
　　　　　　　　　　　　　　18mm 1
　　　　　　　　　　　　　　22mm 1
ウッドビーズ
〈WAC-0014〉 col.パイロン 18mm 2
〈WAC-0015〉 col.ロブレス 18mm 2
〈WAC-0023〉 col.パイロン 18mm 2
〈WAC-0001〉 col.パイロン 22mm 2
生地　リバティー・アイアンシー
　　　〈3336036D 朱〉10cmカット

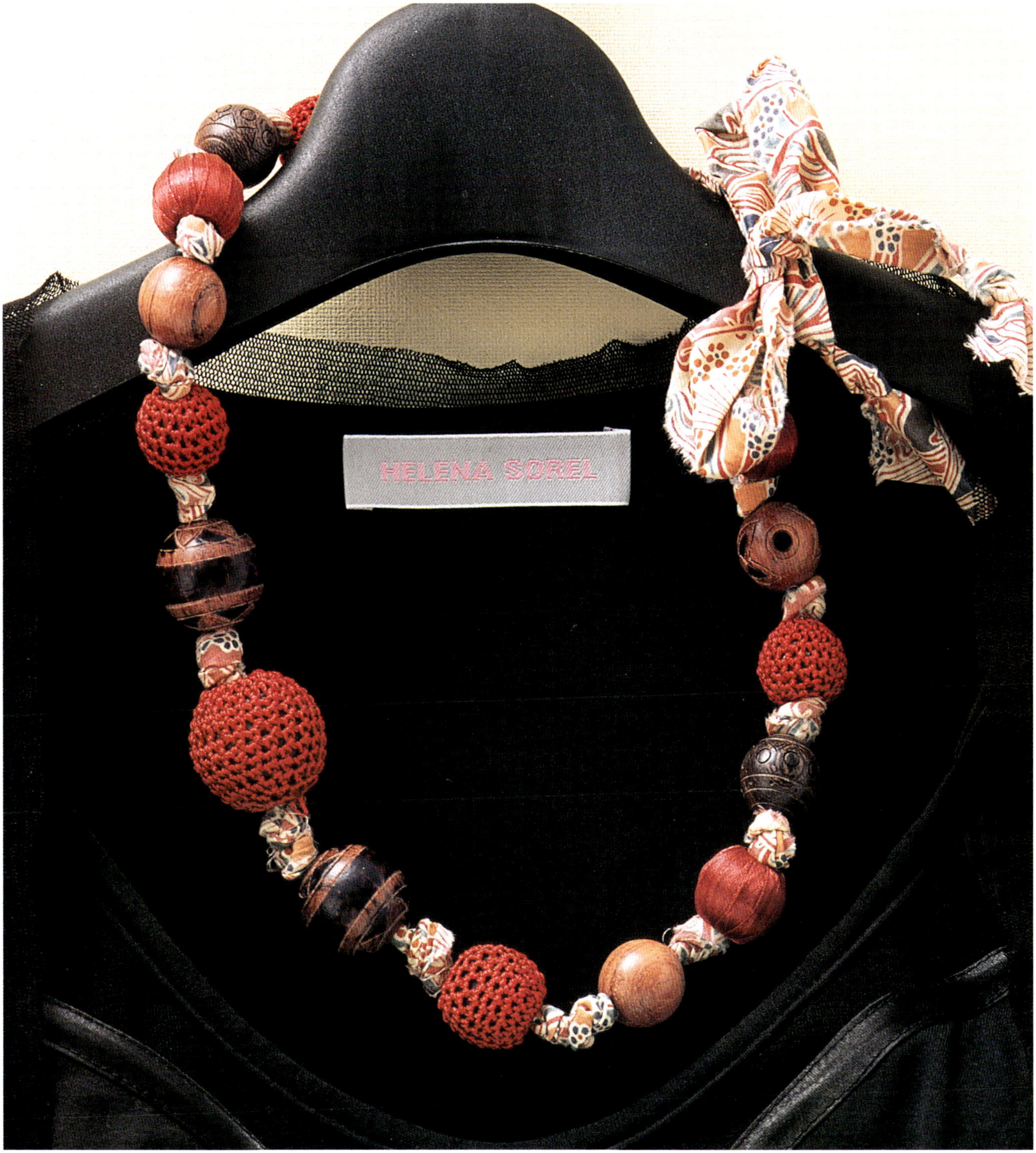
HELENA SOREL

le blanc

白い首飾り

le noir
黒の首飾り

25

le blanc
白い首飾り

清潔感のある、白いリボンビーズとウィーブビーズの光沢と
透明なアクリルカットビーズを
白ラメ入りのリボンヤーンでつないでいきます。
かしこまったシーンにも使えそうです。

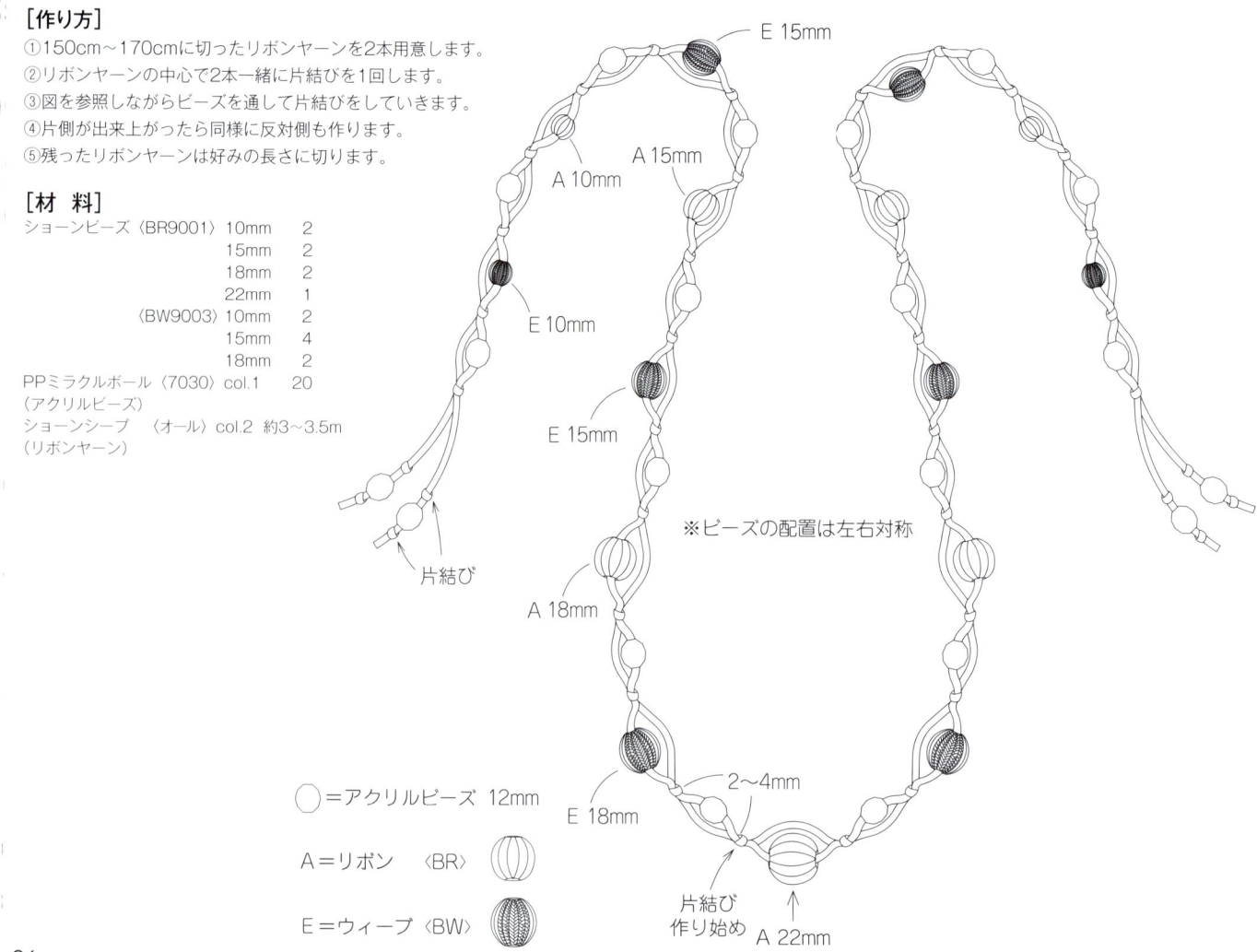

[作り方]
① 150cm～170cmに切ったリボンヤーンを2本用意します。
② リボンヤーンの中心で2本一緒に片結びを1回します。
③ 図を参照しながらビーズを通して片結びをしていきます。
④ 片側が出来上がったら同様に反対側も作ります。
⑤ 残ったリボンヤーンは好みの長さに切ります。

[材 料]
ショーンビーズ〈BR9001〉10mm　2
　　　　　　　　　　15mm　2
　　　　　　　　　　18mm　2
　　　　　　　　　　22mm　1
　　　　　〈BW9003〉10mm　2
　　　　　　　　　　15mm　4
　　　　　　　　　　18mm　2
PPミラクルボール〈7030〉col.1　20
（アクリルビーズ）
ショーンシープ　〈オール〉col.2　約3～3.5m
（リボンヤーン）

E 15mm
A 15mm
A 10mm
E 10mm
E 15mm
片結び
A 18mm
※ビーズの配置は左右対称
E 18mm
2～4mm
片結び
作り始め
A 22mm

◯ = アクリルビーズ 12mm

A = リボン 〈BR〉

E = ウィーブ 〈BW〉

le noir
黒の首飾り

大人っぽいイメージの黒いリボンビーズとスワールビーズを
ブラックアクリルビーズを組み合わせながら
黒ラメリボンヤーンでつないでいきます。
さまざまなシーンで便利に使える一品。

[作り方]
① 180cmに切ったリボンヤーンを2本用意します。
② リボンヤーンの中心で2本一緒に片結びを1回します。
③ 図を参照しながらビーズを通して片結びをしていきます。
④ 片側が出来上がったら同様に反対側も作ります。
⑤ 残ったリボンヤーンは好みの長さに切ります。

[材料]
ショーンビーズ〈BR1007〉 15mm 4
　　　　　　　　　　　　18mm 2
　　　　　　　　　　　　22mm 1
　　　　　　〈BS1001〉 15mm 2
PPミラクルボール〈7030〉col.15　18
（アクリルビーズ）
ショーンシーブ〈オール〉col.1　約3.6m
（リボンヤーン）

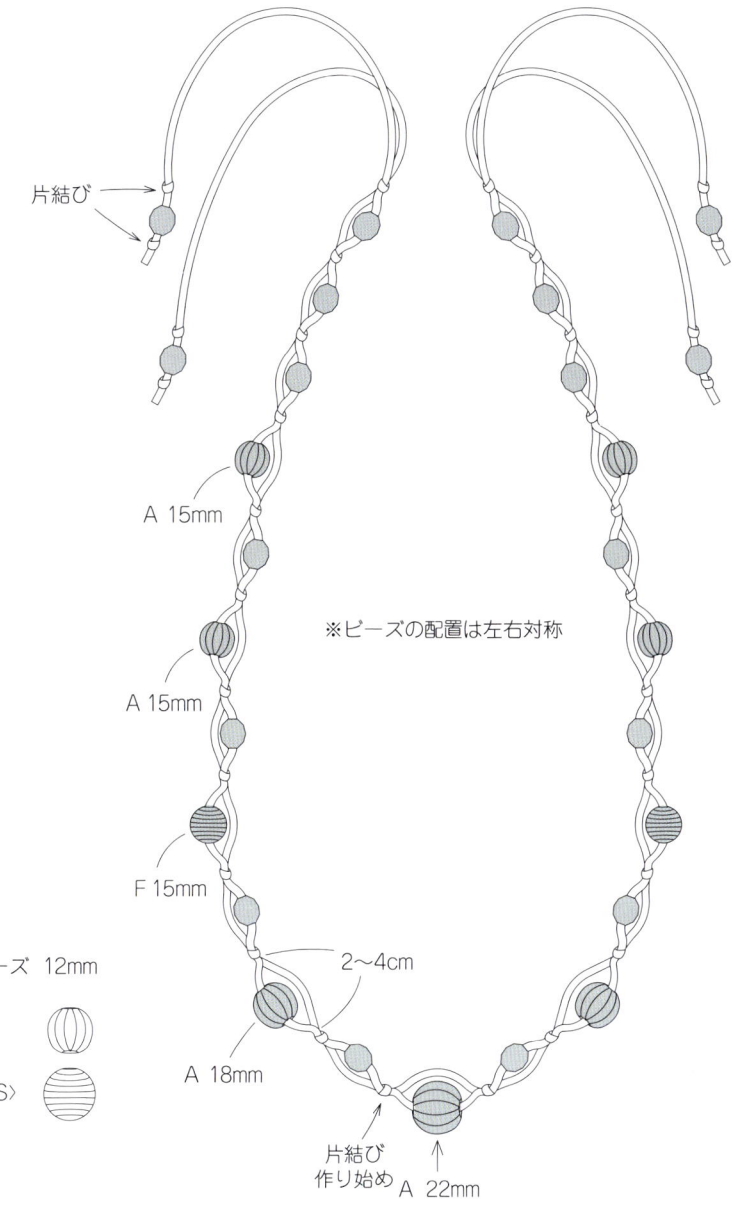

片結び

A 15mm

※ビーズの配置は左右対称

A 15mm

F 15mm

2〜4cm

○ = アクリルビーズ 12mm

A = リボン〈BR〉

F = スワール〈BS〉

A 18mm

片結び
作り始め

A 22mm

coquille Ⅰ

シェルチャームのチョーカー（黒）

葉っぱ、クロスの形をしたシェルパーツを使って
可愛い印象のチョーカー。

[作り方]

① 180cmに切ったリボンヤーンを2本用意します。
② リボンヤーンの中心で2本一緒に片結びを1回します。
③ 図を参照しながらビーズを通して片結びをしていきます。
④ 片側が出来上がったら同様に反対側も作ります。
⑤ 片結びした所にシェルパーツを平やっとこを使用して
　　丸カン2個で付けます。
⑥ 両端の片結びにカニカンとアジャスターを付けます。
⑦ 残ったリボンヤーンは好みの長さに切ります。

[材 料]

ショーンビーズ	〈BP1002〉	10mm	2
	〈BT1003〉	10mm	1
	〈BR1007〉	10mm	2
		15mm	2
	〈BW1005〉	10mm	1
		15mm	1
	〈BS1001〉	10mm	1
PPミラクルボール（アクリルビーズ）	〈7030〉	col.15	4
PPシェルパーツ	〈N-701〉	col.2	3
	〈N-703〉	col.2	4
	〈N-727〉	col.2	6
アジャスター	〈9714〉	黒ニッケル	1
カニカン	〈9605〉	黒ニッケル	1
丸カン	〈9702〉	黒ニッケル 5mm	28
ショーンシーブ（リボンヤーン）	〈オール〉	col.1	約3.6m

A = リボン 〈BR〉
C = ターバン 〈BT〉
D = プラット 〈BP〉
E = ウィーブ 〈BW〉
F = スワール 〈BS〉

= シェルパーツ（N701）
= シェルパーツ（N703）
= シェルパーツ（N727）
= アクリルビーズ 12mm

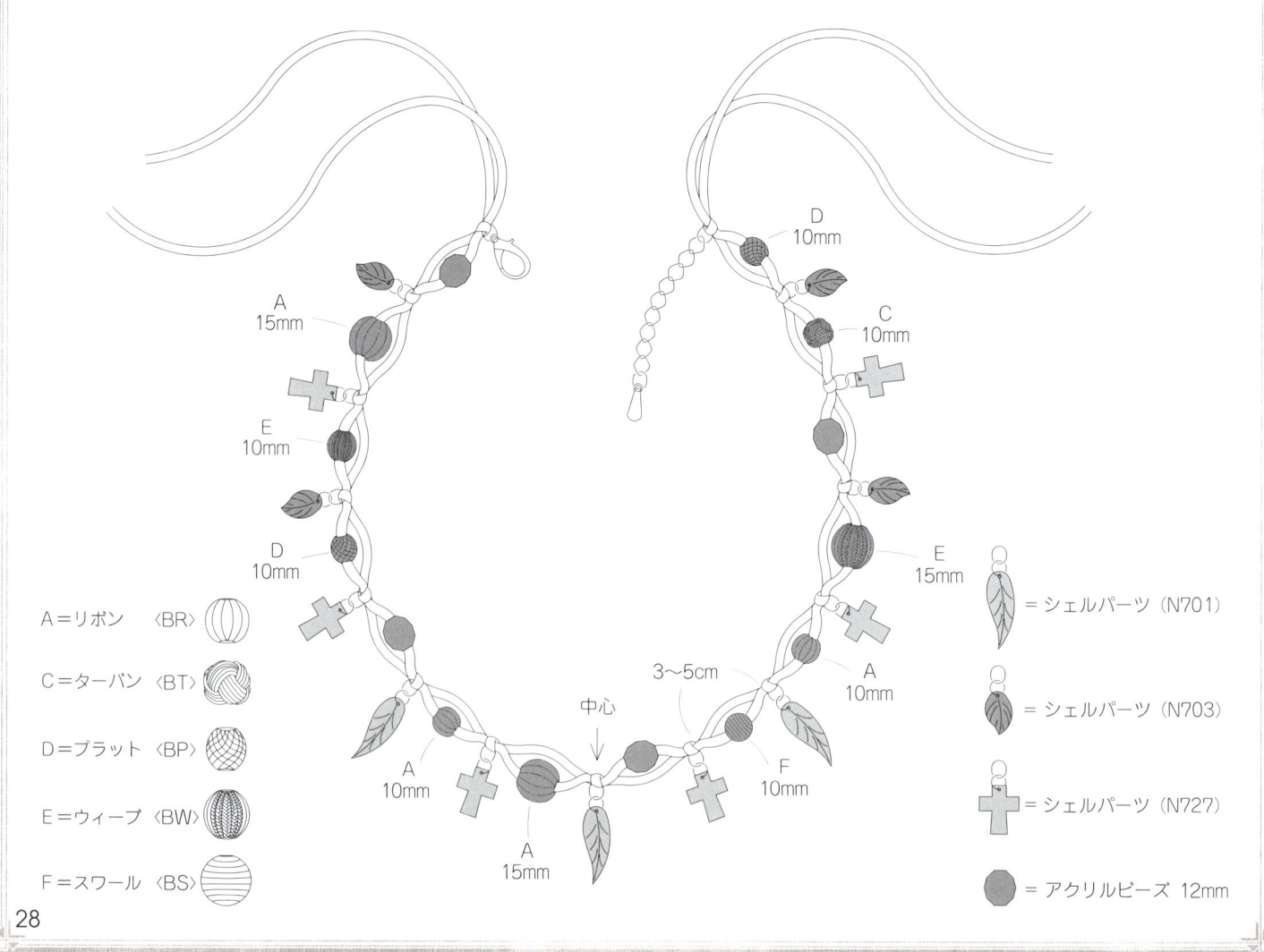

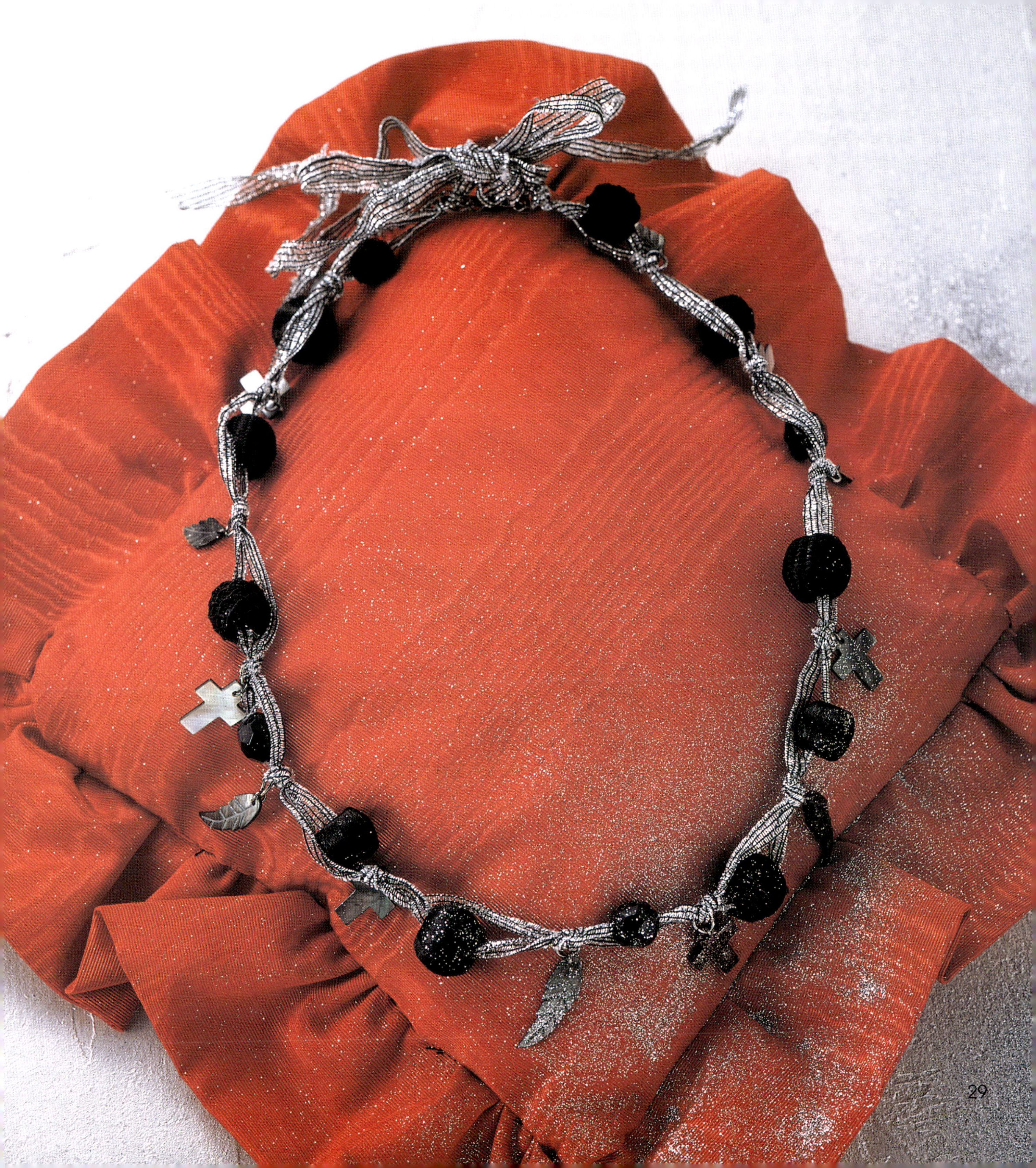

coquille II

シェルチャームのチョーカー（白）

白系のウィーブビーズとリボンビーズに
丸型とクロスのシェルパーツを組み合わせて
イノセントな雰囲気を……

[作り方]

① 180cmに切ったリボンヤーンを2本用意します。
② リボンヤーンの中心で2本一緒に片結びを1回します。
③ 図を参照しながらビーズを通して片結びをしていきます。
④ 片側が出来上がったら同様に反対側も作ります。
⑤ 片結びした所に平やっとこを使用してシェルパーツを丸カン2個で付けます。
⑥ 残ったリボンヤーンは好みの長さに切ります。

[材 料]

ショーンビーズ〈BR9010〉	10mm	1
	15mm	2
〈BW9005〉	10mm	3
PPミラクルボール〈7030〉	col.1	10
（アクリルビーズ）		
PPシェルパーツ〈N-719〉	col.1	8
〈N-727〉	col.1	7
丸カン〈9701〉		30
ショーンシープ〈オール〉 col.2		約3.6m
（リボンヤーン）		

A 10mm ベージュ
E 10mm 白
E 10mm 白
A 15mm ベージュ
A 15mm ベージュ
E 10mm 白
中心
3〜5cm

A＝リボン〈BR〉
E＝ウィーブ〈BW〉

○ ＝シェルパーツ（N719）
✝ ＝シェルパーツ（N727）
○ ＝アクリルビーズ 12mm

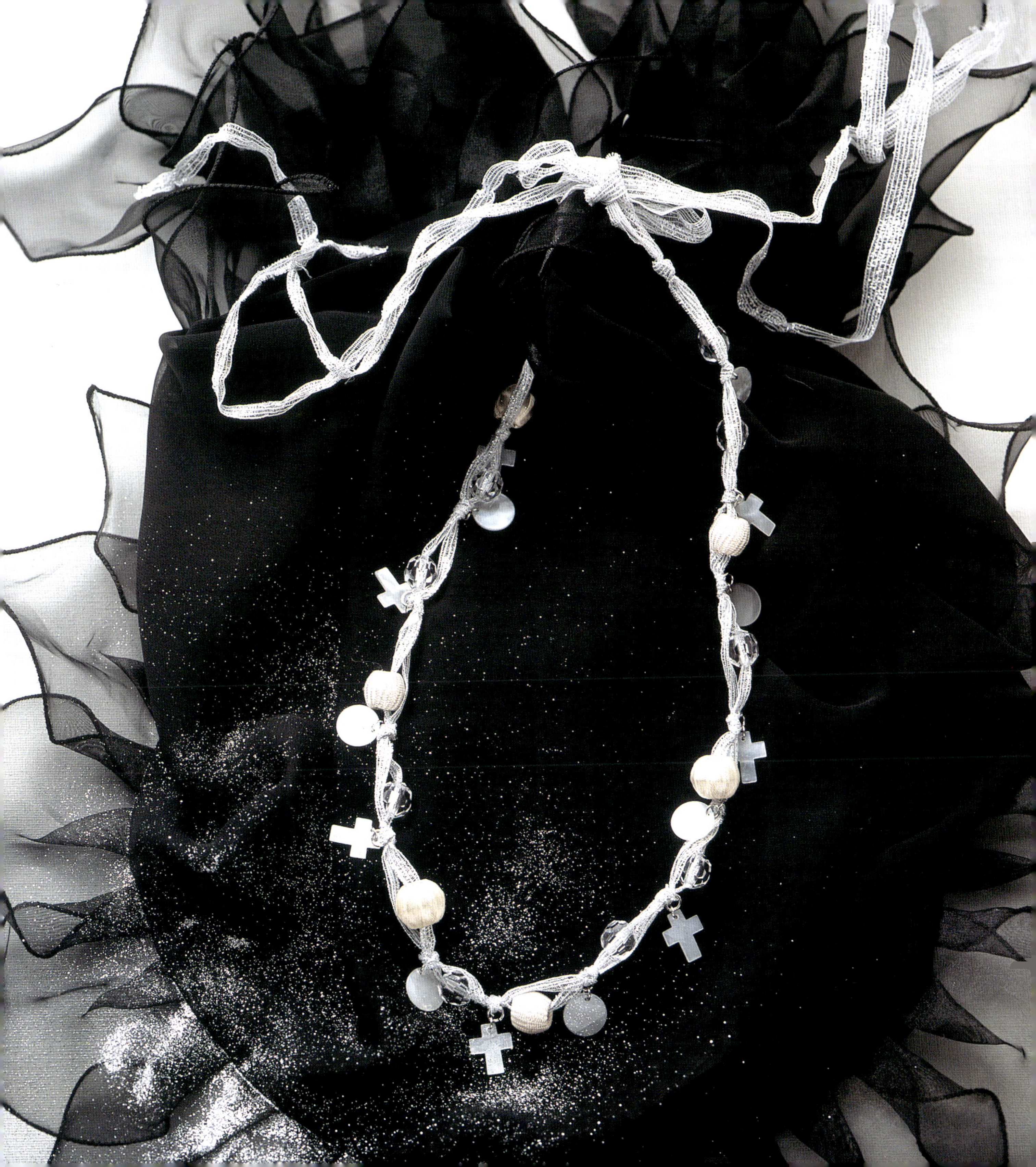

紫

緑

紺

赤紫

黄緑

32

fleurs

デージーのバッグチャーム

33

fleurs

デージーのバッグチャーム

流行のバッグチャームを
フェルトにビーズ刺しゅうをした花の形のパーツを使って
デコレーションビーズで仕上げてみました。
バッグの色に合わせて使い分けるのも楽しそうです。

[材料] 赤紫
ショーンフェルト〈WW-19A〉
　デイジーフラワー 301　1
ショーンビーズ〈BK4002〉
　　　　　　　10mm　4
ルネッサンスパール col.407　2
　　　　　　　col.507　5
　　　　　　　col.607　4
　　　　　　　col.807　2

[材料] 緑
ショーンフェルト〈WW-19A〉
　デイジーフラワー 305　1
ショーンビーズ〈BR6005〉
　　　　　　　10mm　2
　　　　　　　15mm　2
ルネッサンスパール col.408　2
　　　　　　　col.508　2
　　　　　　　col.608　1
　　　　　　　col.708　5
　　　　　　　col.808　4

[材料] 黄緑
ショーンフェルト〈WW-19A〉
　デイジーフラワー 304　1
ショーンビーズ〈BR6002〉
　　　　　　　10mm　2
　　　　　　　15mm　2
　〈BR9010〉10mm　1
ルネッサンスパール col.404　2
　　　　　　　col.504　2
　　　　　　　col.604　1
　　　　　　　col.704　5
　　　　　　　col.804　4

[材料] 紫
ショーンフェルト〈WW-19A〉
　デイジーフラワー 302　1
ショーンビーズ〈BT4001〉
　　　　　　　10mm　4
ルネッサンスパール col.407　2
　　　　　　　col.507　4
　　　　　　　col.607　4
　　　　　　　col.707　3

[材料] 紺
ショーンフェルト〈WW-19A〉
　デイジーフラワー 303　1
ショーンビーズ〈BT4001〉
　　　　　　　10mm　4
ルネッサンスパール col.405　2
　　　　　　　col.505　4
　　　　　　　col.605　4
　　　　　　　col.705　3

チャームの作り方

①花芯の下部分から針を入れ花芯の中綿を通して上部に針を出します

②図を参照してビーズとナスカンを通し、もう一度ビーズの中を通って花芯の下まで戻ってきたら裏側に針を出します

③裏側に針を出したら玉止めをします

④糸を表面に出してビーズを留めつけます

⑤3ヶ所留めつけたら裏に針を出して玉止めをします

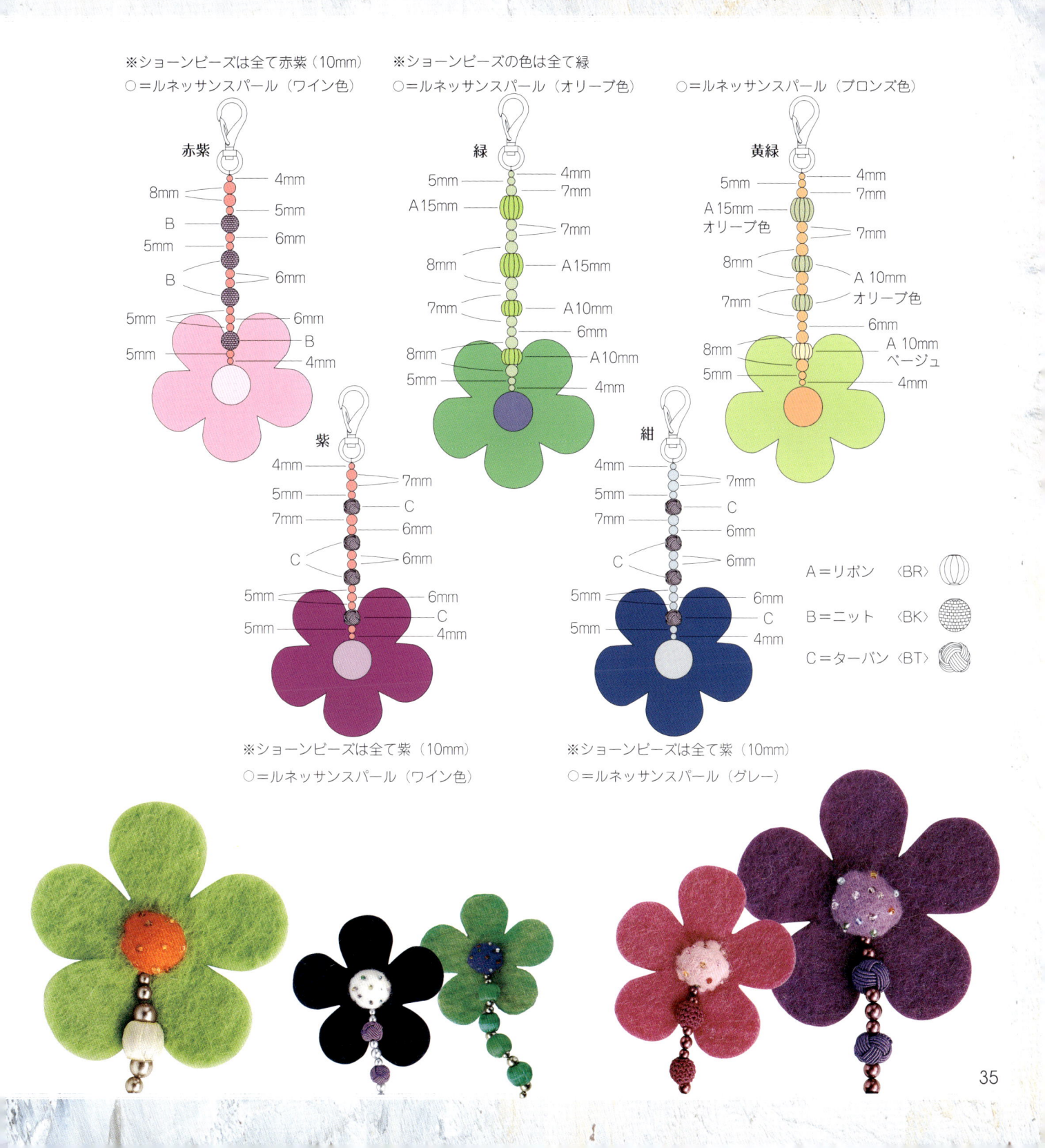

※ショーンビーズは全て赤紫（10mm）
○＝ルネッサンスパール（ワイン色）

赤紫
4mm
8mm
5mm
B
5mm
6mm
B
6mm
5mm
6mm
5mm
B
4mm

※ショーンビーズの色は全て緑
○＝ルネッサンスパール（オリーブ色）

緑
5mm
4mm
A 15mm
7mm
7mm
8mm
A 15mm
7mm
A 10mm
8mm
6mm
5mm
A 10mm
4mm

○＝ルネッサンスパール（ブロンズ色）

黄緑
5mm
4mm
A 15mm
7mm
オリーブ色
7mm
8mm
A 10mm
7mm
オリーブ色
6mm
8mm
A 10mm
5mm
ベージュ
4mm

紫
4mm
5mm
7mm
7mm
C
6mm
C
6mm
5mm
6mm
5mm
C
4mm

紺
4mm
5mm
7mm
7mm
C
6mm
C
6mm
5mm
6mm
5mm
C
4mm

A＝リボン　〈BR〉
B＝ニット　〈BK〉
C＝ターバン〈BT〉

※ショーンビーズは全て紫（10mm）
○＝ルネッサンスパール（ワイン色）

※ショーンビーズは全て紫（10mm）
○＝ルネッサンスパール（グレー）

le vert
深緑のブローチ

le vert
深緑のポーチ

le vert

深緑のブローチ

ポーチとおそろいのブローチ。
ハート型のフェルトに花のパーツや
ビーズを刺しゅうして。

[材 料]

ショーンフェルト		
〈WW-14B〉ミニフラワー	54	2
〈WW-09〉ミディアムフラワー	255	1
ショーンビーズ〈BR6002〉	18mm	1
毛糸 ショーンシープ 〈バニ〉	col. 4	約70cm
〈センシュアル〉	col.15	約30cm
ルネッサンスパール〈6434〉	col.508	4
	col.708	1
チェコシード P-3053 グリーンマット		1パック
(丸大ビーズ) P-3041 グリーンオーロラ		1パック
P-3004 グリーンクリア		1パック
ボヘミアン2cut 〈6427〉黄緑		1パック
〈6430〉メタリック		1パック
フェルト（20×20）col.280 深緑		約20×10
ブローチピン		35mm

本体

① フェルトをハート型に2枚カットします

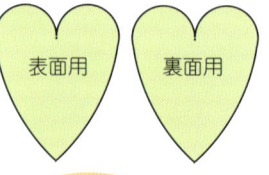

表面用　裏面用

② 表面用のフエルトに花モチーフをつけます

ミニフラワー
中心部分を縫いつける

ミディアムフラワー

手芸用ボンドで貼りつける

③ 花モチーフの間にビーズ刺しゅうをします

丸大ビーズ（グリーン）
パール 5mm
パール 7mm（オリーブ色）
2cutビーズ（黄緑）
丸大ビーズ
※グリーンマットとオーロラをミックスして使用

④ 裏面用のフエルトにブローチピンを縫いつけます

本体実物大型紙
わ

まとめ

① 2枚のフエルトを外表にあわせ、外回りにバニ1本をのせてビーズ3ヶで巻きとじをしていく
バニは、両端を20cm位ずつ残しておく
ビーズは黄緑とメタリックをミックスして使用

② 角に、30cmを2つ折りにしたセンシュアルとビーズのフリンジを留めつける

センシュアル

③ ハートの角につけた毛糸とビーズのフリンジをショーンビーズに通す

A 18mm オリーブ色

ピーズのフリンジ
※黄緑とメタリックをミックスして使用

A＝リボン〈BR〉

④ ハートの角に手芸用ボンドをつけビーズを差し込んで固定する

ビーズのフリンジ

メタリックの2cutビーズを13cm分通します
先端の4ヶを通したら、13cm分戻りながら通します
更に11cm分通し、先端4ヶを通したら11cm分戻ります
ビーズのフリンジを作った糸をそのまま利用してフェルトの先端に付けます

13cm　11cm

le vert

深緑のポーチ

森の中のさまざまな緑を集めて。
フェルトパーツとビーズ刺しゅうで仕上げたポーチ。
スポンテニアスな味わいのファンシーヤーンで
持ち手とフリンジを。

[材 料]

ショーンフェルト			
〈WW-14B〉	ミニフラワー	54	2
〈WW-09〉	ミディアムフラワー	255	1
ショーンビーズ〈BR6002〉		10mm	1
		15mm	1
〈BR5004〉		10mm	1
ルネッサンスパール〈6434〉		col.508	4
		col.708	1
チェコシード 〈6402〉			
(丸大ビーズ)	P-3053	グリーンマット	1パック
	P-3041	グリーンオーロラ	1パック
	P-3004	グリーンクリア	1パック
ボヘミアン2cut 〈6427〉		黄緑	1パック
〈6430〉		メタリック	1パック
フエルト（20×20）	col.280	深緑	約20×12cm
毛糸 ショーンシープ〈バニ〉		col.4	約6.5m
〈センシュアル〉		col.11	約1.2m

本体

①本体用のフエルトをカットします

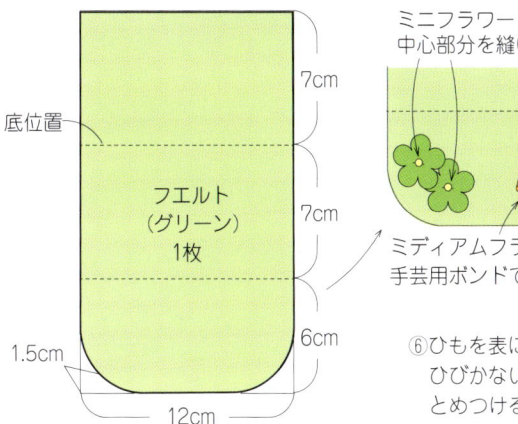

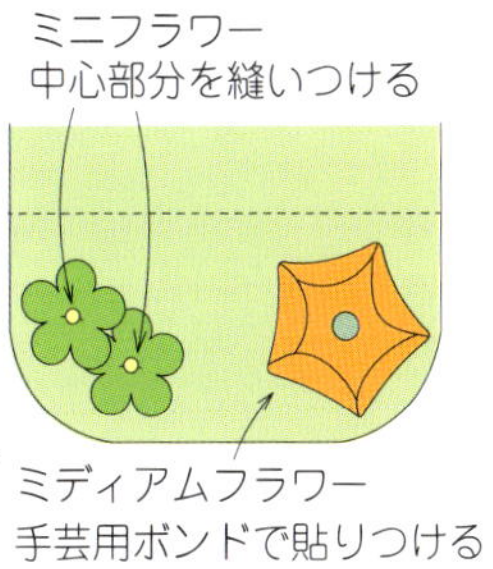

- 底位置
- フエルト（グリーン）1枚
- 7cm
- 7cm
- 6cm
- 1.5cm
- 12cm

②ふたの部分に花モチーフをつけます
- ミニフラワー 中心部分を縫いつける
- ミディアムフラワー 手芸用ボンドで貼りつける

③花モチーフの間にビーズ刺しゅうをします
- 丸大ビーズ（グリーンマットとオーロラのミックス）
- 2cutビーズ（黄緑）
- 丸大ビーズ（グリーン）
- パール 5mm
- パール 7mm（オリーブ色）

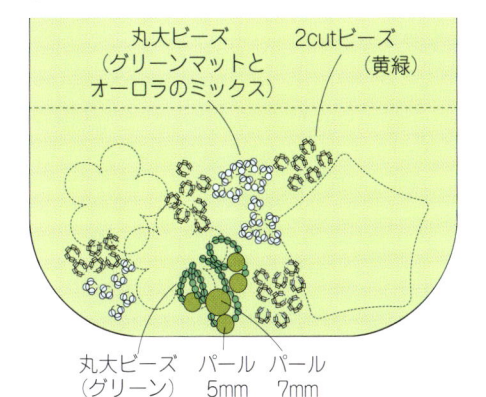

ひも（鎖編み）8/0号針

※鎖編みの両端は糸を15cm位ずつ残しておく

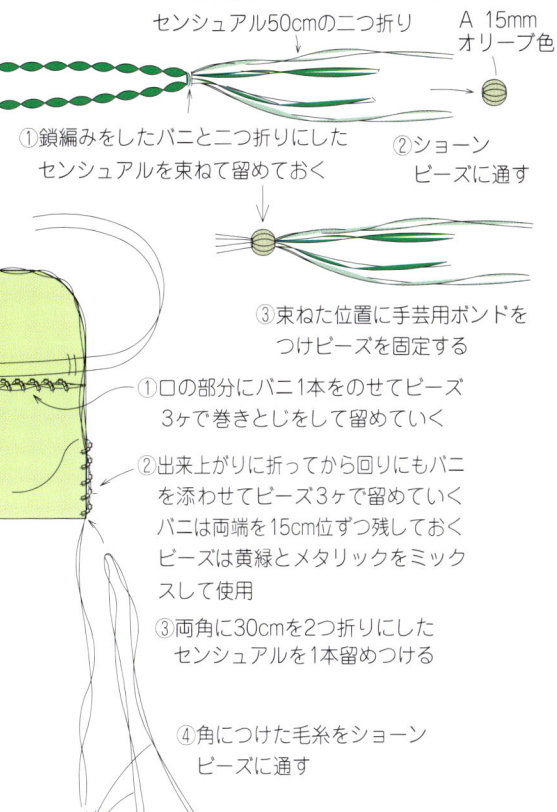

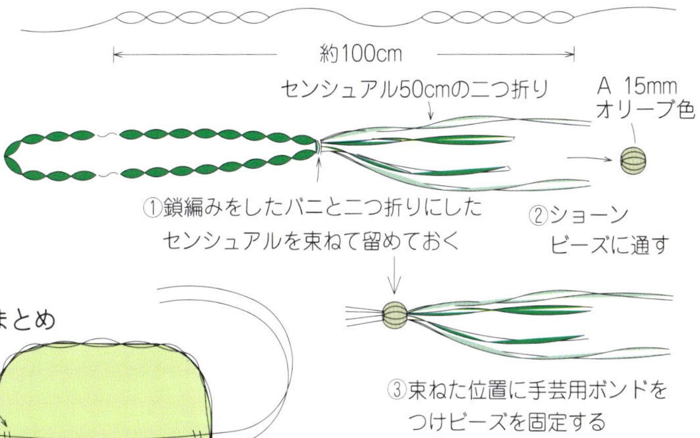

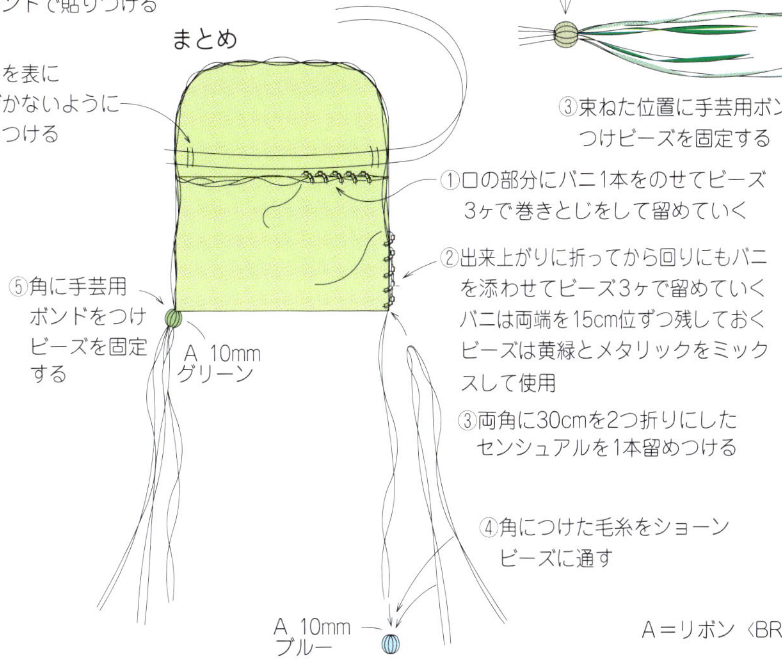

- 約100cm
- センシュアル50cmの二つ折り
- A 15mm オリーブ色

①鎖編みをしたバニと二つ折りにしたセンシュアルを束ねて留めておく

②ショーンビーズに通す

③束ねた位置に手芸用ボンドをつけビーズを固定する

まとめ

⑥ひもを表にひびかないようにとめつける

⑤角に手芸用ボンドをつけビーズを固定する
- A 10mm グリーン

①口の部分にバニ1本をのせてビーズ3ヶで巻きとじをして留めていく

②出来上がりに折ってから回りにもバニを添わせてビーズ3ヶで留めていく
バニは両端を15cm位ずつ残しておく
ビーズは黄緑とメタリックをミックスして使用

③両角に30cmを2つ折りにしたセンシュアルを1本留めつける

④角につけた毛糸をショーンビーズに通す

A 10mm ブルー

A=リボン〈BR〉

le violet
すみれ色のブローチ

le violet
すみれ色のポーチ

41

le violet
すみれ色のブローチ

ポーチとおそろいのブローチは
ペーズリー型にカットしたフェルトに
チェコシードビーズや
ルネッサンスパールをちりばめました。
胸元のおしゃれに最適。

[材料]

ショーンフェルト			
〈WW-14B〉ミニフラワー	52		2
〈WW-09〉ミディアムフラワー			1
ショーンビーズ〈BT4001〉		18mm	1
毛糸 ショーンシープ 〈バニ〉	col.3		約1〜1.2m
ルネッサンスパール〈6434〉	col.408		3
	col.508		5
	col.608		2
チェコシード〈6402〉	col.P-2033	薄紫	1パック
ボヘミアン2cut	col.6419	紫	1パック
フェルト(20×20)	col.414	紫	約12cm角
ブローチピン		35mm	1

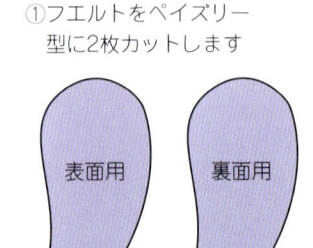

本体

①フェルトをペイズリー型に2枚カットします

表面用　裏面用

②表面用のフエルトに花モチーフをつけます

ミディアムフラワー
手芸用ボンドで貼りつける

ミニフラワー
中心部分を縫いつける

③花モチーフの間にビーズ刺しゅうをします

パール 5mm
シードビーズ (薄紫)
パール 4mm
2cutビーズ (紫)
パール 6mm
パール 5mm
パール 6mm

④裏面用のフエルトにブローチピンをつけます

2cm

本体実物大型紙

C＝ターバン〈BT〉

まとめ

①2枚のフェルトを外表にあわせ、外回りにバニ1本をのせて2cutビーズ3ヶで巻きとじをしながら留めていく
バニは両端を20cm位ずつ残しておく

②両角に30cmを2つ折りにしたバニとビーズのフリンジを留めつける

バニ

③角につけた毛糸とビーズのフリンジを、ショーンビーズに通す

④ペイズリーの角に手芸用ボンドをつけピーズを差し込んで固定する

ビーズのフリンジ

シードビーズを13cm分通します
先端の4ヶを通したら、13cm分戻りながら通します
更に11cm分通し、先端4ヶを通したら11cm分戻ります
ビーズのフリンジを作った糸をそのまま利用してフェルトの先端に付けます

ビーズのフリンジ

13cm　11cm

C 18mm 薄紫

le violet
すみれ色のポーチ

ルネッサンスパールやボヘミアンカットビーズを
上品に刺しゅうした落ち着いた雰囲気のポーチ。
すみれ色のスワールビーズが
ポイントになっています。

[材 料]

ショーンフェルト			
〈WW-14B〉ミニフラワー		54	2
ショーンビーズ〈BS4001〉		15mm	1
ルネッサンスパール〈6434〉		col.406	4
		col.506	3
		col.606	3
チェコシード 〈6402〉	P-2033	薄紫	1パック
ボヘミアン2cut 〈6419〉		紫	1パック
フェルト（20×20）	col.414	紫	約20×10cm
毛糸 ショーンシープ〈バニ〉col.3			約0.9～1m

本体
①本体用のフェルトをカットします

7cm / 7cm / 5cm
底位置
フェルト（紫）1枚
1.5cm
10cm

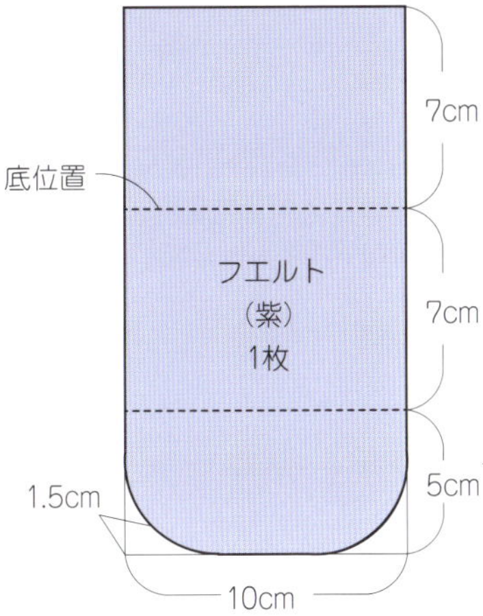

②ふたの部分に花モチーフをつけます

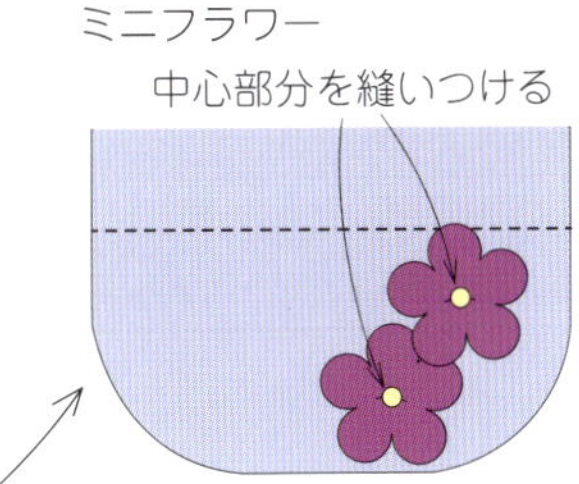

ミニフラワー
中心部分を縫いつける

③花モチーフの間にビーズ刺しゅうをします

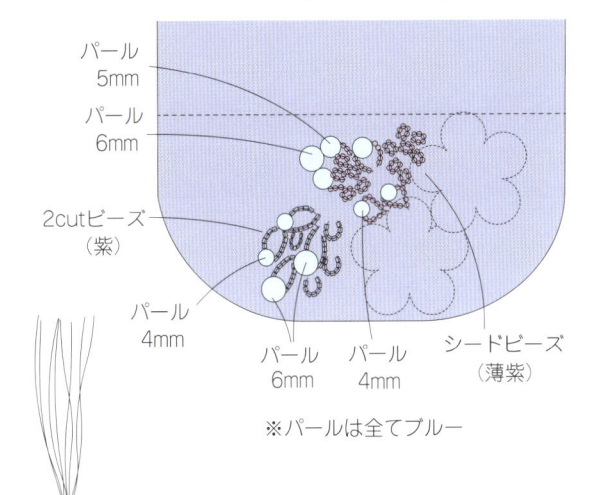

パール 5mm
パール 6mm
2cutビーズ（紫）
パール 4mm
パール 6mm
パール 4mm
シードビーズ（薄紫）

※パールは全てブルー

フリンジ
①バニ20cmの二つ折りを2本用意する

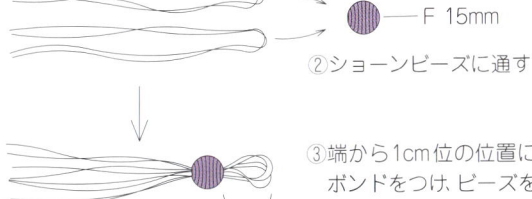

F＝スワール〈BS〉

F 15mm

②ショーンビーズに通す

③端から1cm位の位置に手芸用
ボンドをつけ、ビーズを固定する

1cm

まとめ

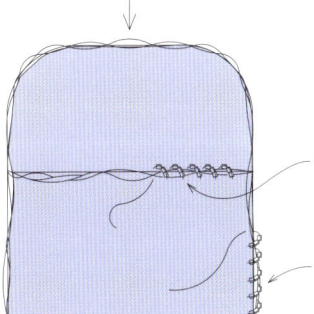

③フリンジの輪にした部分を中心に留めつける

①口の部分にバニ1本をのせて
2cutビーズ3ヶで巻きとじを
しながら留めていく

②出来上がりに折って回りも
口の部分と同様に留めていく

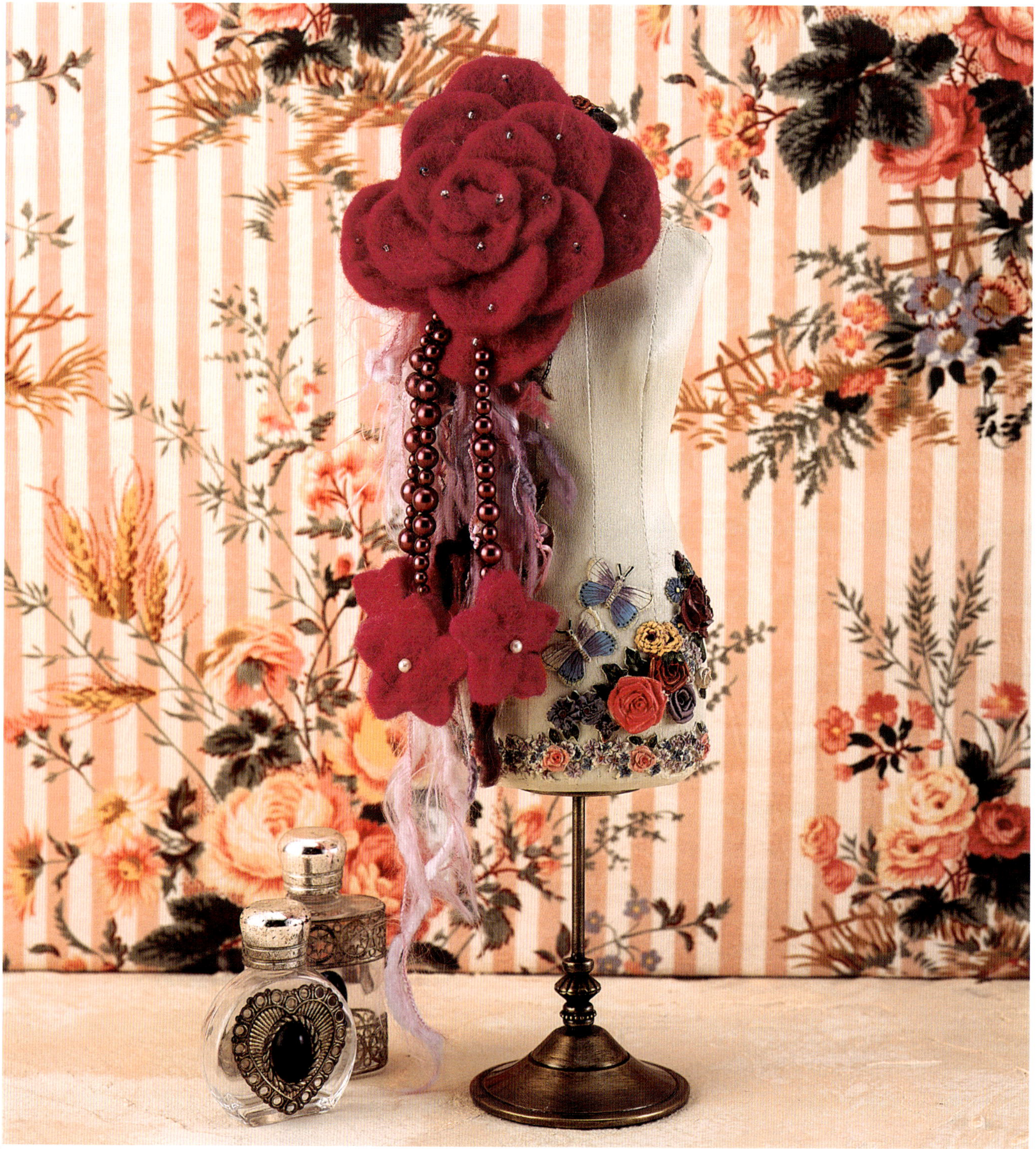

camélia rouge
赤いカメリアのブローチ

赤いカメリアのフェルトパーツは
ビーズ刺しゅうがされて仕上がっているので
とても簡単にゴージャスなブローチが完成します。
ルネッサンスパールで華やかさを添えて。

[材 料]

ショーンフエルト
　〈A57L〉カメリアブローチ（赤）　353　1
　〈WW-28C〉スターフラワー　　　106　6
ルネッサンスパール　　　col.407　　11
（ワイン色）　　　　　　col.507　　14
　　　　　　　　　　　　col.607　　 3
　　　　　　　　　　　　col.707　　 7
　　　　　　　　　　　　col.807　　 6
毛糸　ショーンシープ〈バニ〉col.12　120cm
　　　〈センシュアル〉col.1　　68cm

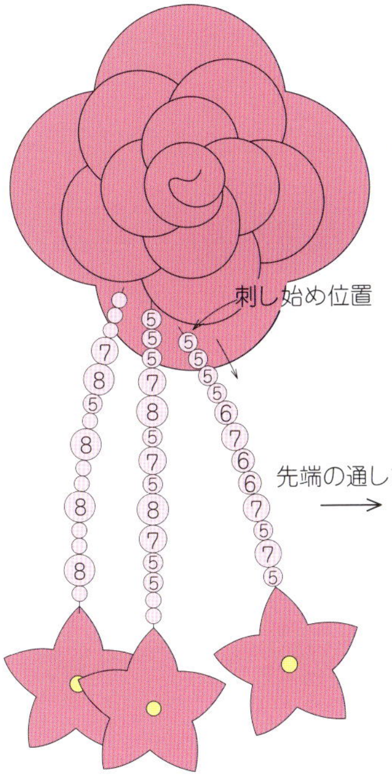

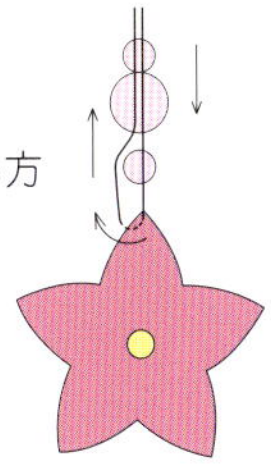

パールのフリンジの作り方

①スターフラワー2枚を用意し、外表に合わせて中心を止め付けます

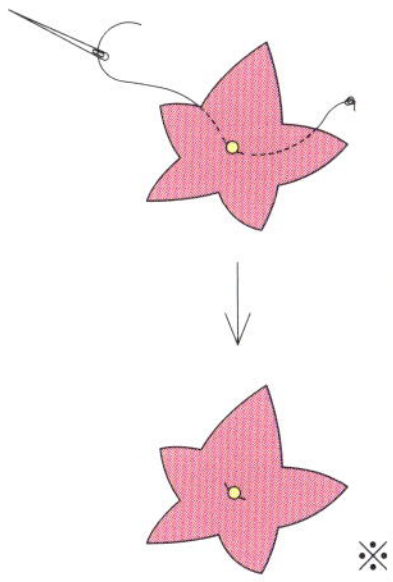

1枚の裏から針を表側に出し中心のビーズの中を通してから裏に針を出す

続けてもう1枚のモチーフも同じように針を通し2枚のモチーフの間で玉止めする

※同じものを計3組作っておく

②カメリアの花弁の裏から針を入れ、図を参照しながらビーズを通し、スターフラワーの先端に針を入れ、もう一度ビーズの中を通しながら最初に針を出したところに針を入れて裏側で玉止めする。2本めと3本めのフリンジも続けて作る

刺し始め位置

先端の通し方

○=未記入はすべて4mmのパール

○の中の数字はパールの大きさ

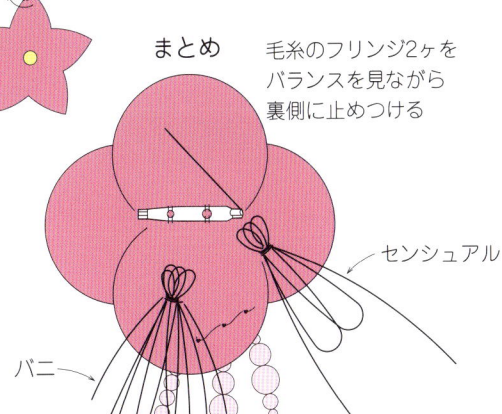

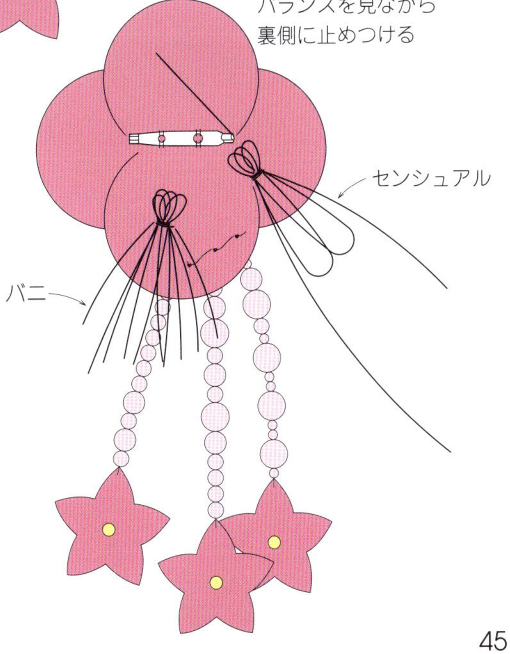

毛糸のフリンジの作り方

センシュアル（ピンク）68cm
1本を用意し図のように折る

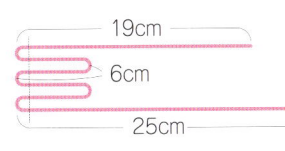

19cm
6cm
25cm

折った端から1cm位の所を縫い糸でまとめそのまま、カメリアの裏側に止めつける

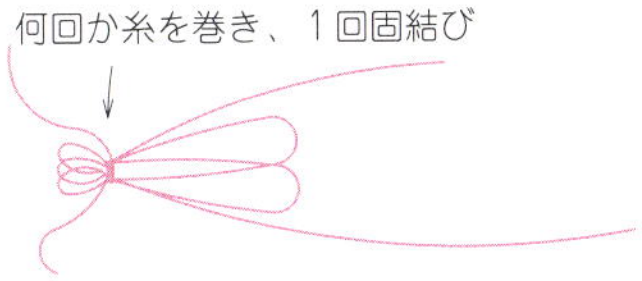

何回か糸を巻き、1回固結び

バニ（濃ピンク）100cmと20cmの2本を用意し、100cmのバニを図のように折り、端から1cm位の所を20cmのバニの糸でまとめる

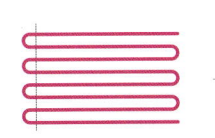

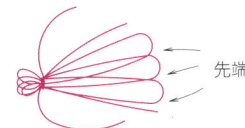

先端の輪をカットする

まとめ
毛糸のフリンジ2ヶをバランスを見ながら裏側に止めつける

センシュアル

バニ

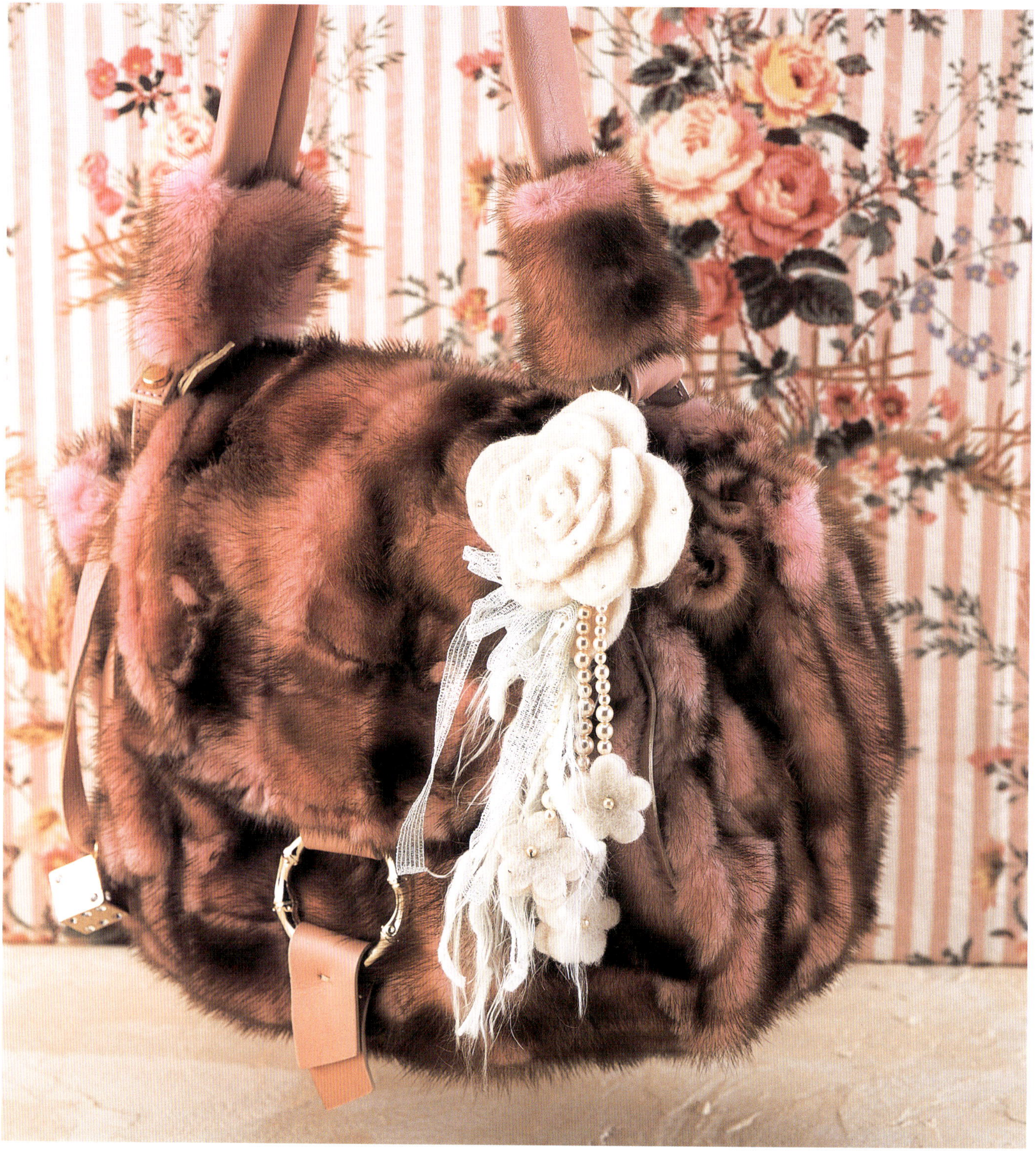

camélia blanc

白いカメリアのブローチ

厚みのあるカメリアのフェルトパーツが
存在感を醸し出します。
バッグチャームとして使うのもおしゃれです。

[材 料]

ショーンフエルト
　〈A57L〉カメリアブローチ（白）351　1
　〈WW-14B〉ミニフラワー（白）　　　6
ルネッサンスパール　col.402　11
（カルトラ）　　　　col.502　16
　　　　　　　　　　col.602　9
　　　　　　　　　　col.702　9
毛糸 ショーンシープ〈バニ〉col. 2　80cm
　　　〈センシュアル〉col.11　68cm

毛糸とリボンのフリンジの作り方

センシュアル（白）68cm
1本を用意し図のように折る

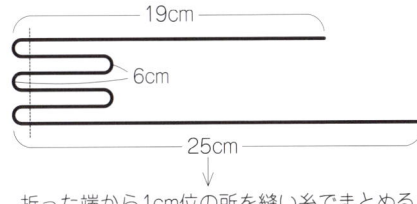

- 19cm
- 6cm
- 25cm

折った端から1cm位の所を縫い糸でまとめる

何回か糸を巻き1回片結び

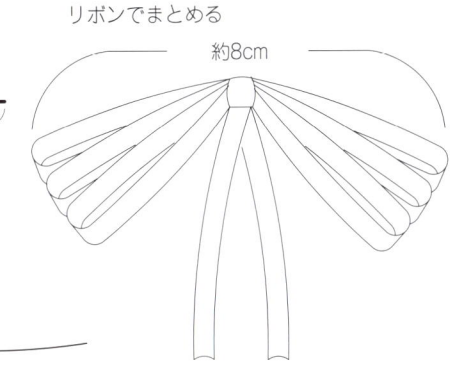

50cmのリボンをたたんで中心を30cmのリボンでまとめる

約8cm

パールのフリンジの作り方

①ミニフラワー2枚を用意し外表に合わせて中心を止め付ける

1枚の裏から針を表側に出し中心のビーズの中を通してから裏に針を出す

続けてもう1枚のモチーフも同じように針を通し、2枚のモチーフの間で玉止めする
※同じものを計3組作っておく

②カメリアの花弁の裏から針を入れ図を参照しながらビーズを通し、プチフラワーの先端に針を入れ、もう一度ビーズの中を通しながら最初に針を出したところに針を入れて裏側で玉止めする。2本めと3本めのフリンジも同様に続けて作る

刺し始め位置は花弁の下に隠れるようにする

先端の通し方

まとめ

フエルトの表側と裏側にフリンジを一緒に留めつける

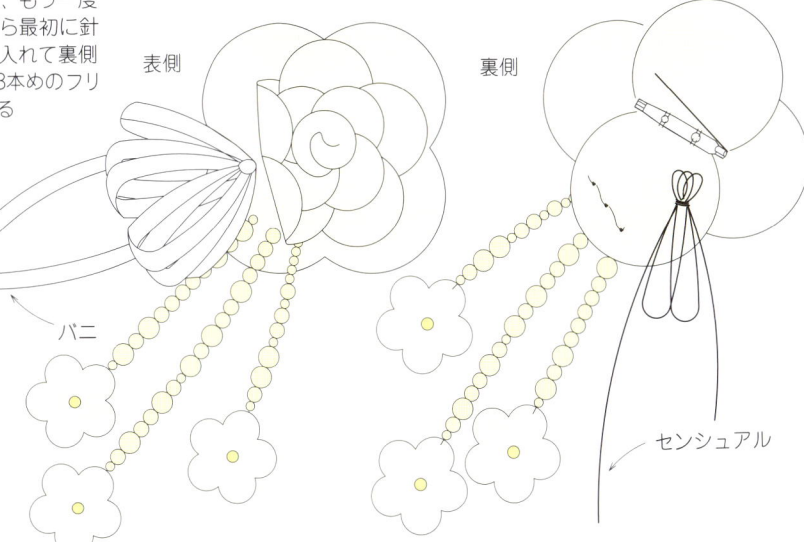

表側　　裏側

バニ

センシュアル

○の中の数字はパールの大きさ
○=未記入はすべて4mmのパール

mélanges

メランジェのロングネックレスとニットポーチ

デコレーションビーズとファンシーヤーンを使って
さまざまな色をメランジェ。
ネックレスとおそろいのポーチは使いやすい巾着型です。

[作り方]

① 150～200cmに切ったリボンヤーンと毛糸、1本ずつを用意します。
② 中心部分でリボンヤーンと毛糸を2本一緒に片結びを1回します。
③ 図を参照しながらリボンヤーンにビーズを通してから2本一緒に片結びをしていきます。(ビーズは常にリボンヤーンに通します)
④ 片側が出来上がったら同様に反対側も作ります。
⑤ 片結びをした部分に毛糸で鎖編みを編みつけていきます。
　糸端は30cm位を残してから編み始めます。(図参照)
⑥ 後ろ部分のリボンヤーンと毛糸は好みの長さに切ります。

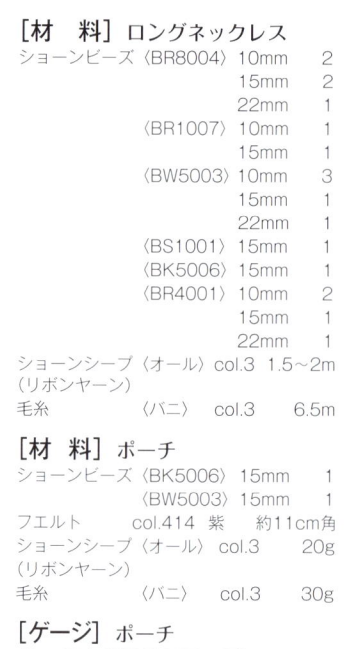

[材　料] ロングネックレス

ショーンビーズ	〈BR8004〉 10mm	2
	15mm	2
	22mm	1
	〈BR1007〉 10mm	1
	15mm	1
	〈BW5003〉 10mm	3
	15mm	1
	22mm	1
	〈BS1001〉 15mm	1
	〈BK5006〉 15mm	1
	〈BR4001〉 10mm	2
	15mm	1
	22mm	1
ショーンシープ	〈オール〉 col.3	1.5～2m
(リボンヤーン)		
毛糸	〈バニ〉 col.3	6.5m

[材　料] ポーチ

ショーンビーズ	〈BK5006〉 15mm	1
	〈BW5003〉 15mm	1
フエルト	col.414 紫 約11cm角	
ショーンシープ	〈オール〉 col.3	20g
(リボンヤーン)		
毛糸	〈バニ〉 col.3	30g

[ゲージ] ポーチ
10cm平方で長編み12目・8段

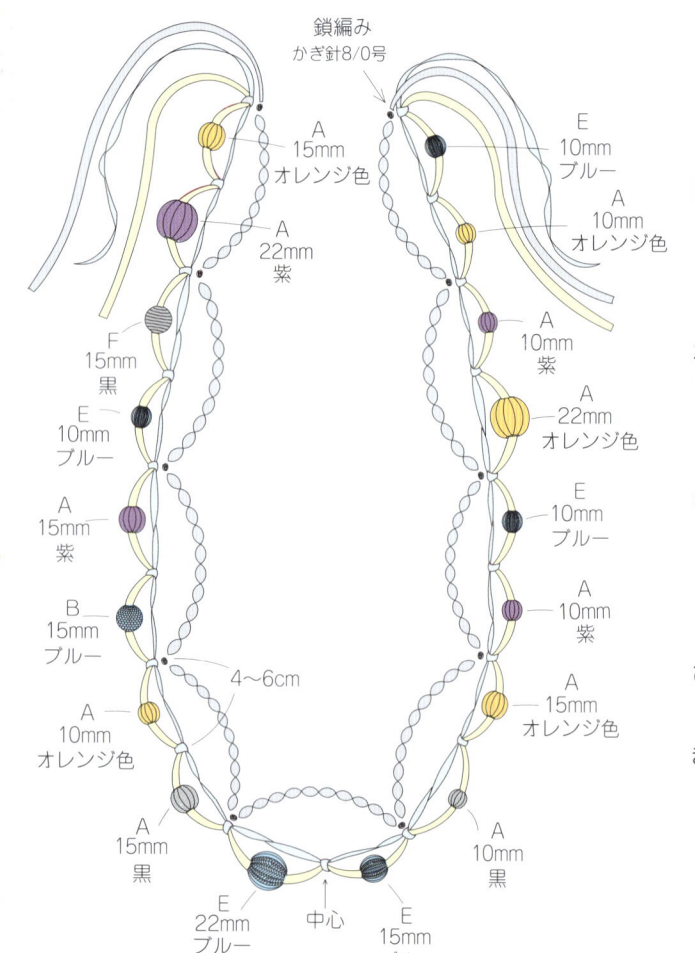

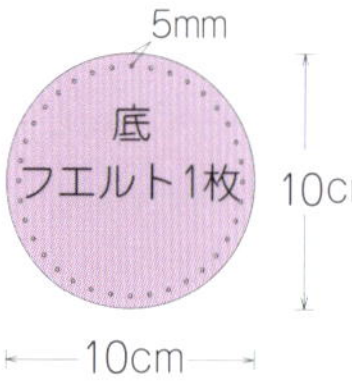

底
① フエルトを直径10cmの円形に切ります
② 端から5mmの位置に均等に36個穴を開けます
　穴をあけるのは目打ちなどを利用して下さい

本体
底用のフエルトの穴に長編みを編みつけていきます
図を参照しながら9段編んだら糸を切って糸端を始末しておきます

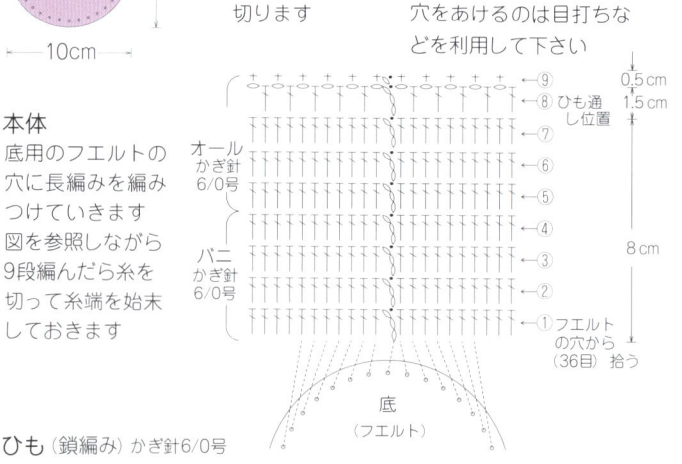

ひも (鎖編み) かぎ針6/0号
50cm (90目)

まとめ
ひもを2本通す
ひも2本の先端にボンドを付けてショーンビーズの中に押し込む

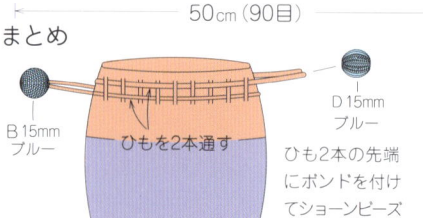

A=リボン 〈BR〉
B=ニット 〈BK〉
E=ウィーブ 〈BW〉
F=スワール 〈BS〉

49

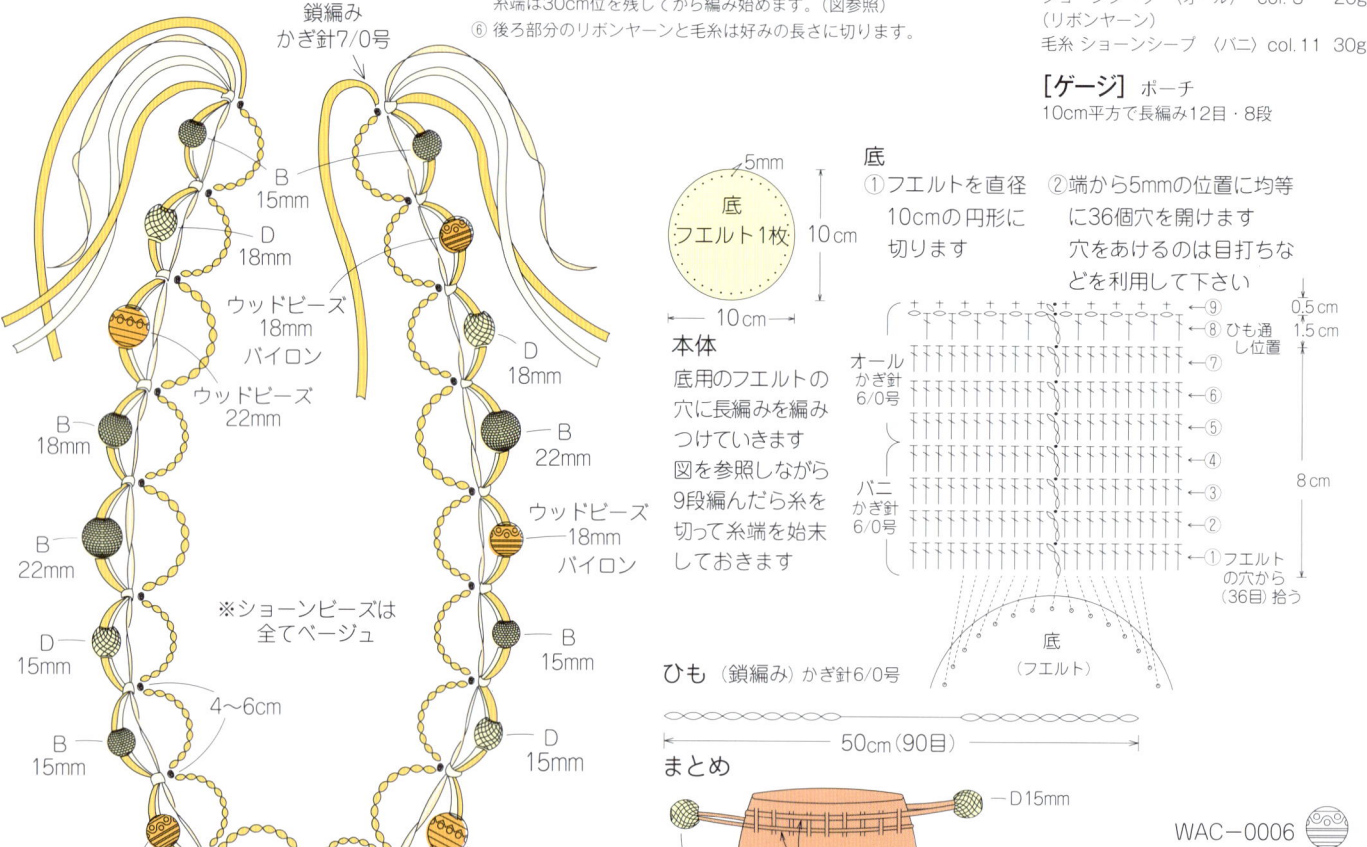

le beige

ベージュのロングネックレスとニットポーチ

枯葉と秋の色を集めたネックレスとポーチのセット。
ニットビーズとプラットビーズに
模様入りのウッドビーズを組み合わせて
ナチュラルテイストのファッションにぴったりです。

[作り方]

① 150～200cmに切ったリボンヤーン2色と毛糸1本を用意します。
② 中心部分でリボンヤーンと毛糸を3本一緒に片結びを1回します。
③ 図を参照しながらビーズをリボンヤーン2本に通してから3本一緒に
片結びをしていきます。(ビーズは常にリボンヤーンに通します)
④ 片側が出来上がったら同様に反対側も作ります。
⑤ 片結びをした部分にリボンヤーンで鎖編みを編みつけていきます。
糸端は30cm位を残してから編み始めます。(図参照)
⑥ 後ろ部分のリボンヤーンと毛糸は好みの長さに切ります。

[材料] ロングネックレス

ショーンビーズ 〈BK9008〉 15mm 4
　　　　　　　　　　　　 18mm 2
　　　　　　　　　　　　 22mm 2
　　　　　　〈BP9003〉 15mm 2
　　　　　　　　　　　　 18mm 2
　　　　　　　　　　　　 22mm 1
ウッドビーズ
〈WAC-0006〉 col.バイロン 18mm 2
　　　　　　 col.ロブレス 18mm 1
〈WAC-0015〉 col.バイロン 22mm 2
ショーンシープ 〈オール〉
(リボンヤーン)　　 col.5 1.5～2m
　　　　　　　　 col.3 約9m
毛糸 ショーンシープ 〈バニ〉
　　　　　　　　 col.11 1.5～2m

[材料] ポーチ

ショーンビーズ 〈BP9003〉 15mm 2
フエルト col.503 ベージュ 約11cm角
ショーンシープ 〈オール〉 col.3 20g
(リボンヤーン)
毛糸 ショーンシープ 〈バニ〉 col.11 30g

[ゲージ] ポーチ

10cm平方で長編み12目・8段

鎖編み かぎ針7/0号

B 15mm (ニット)
D 18mm (プラット)
ウッドビーズ 18mm バイロン
ウッドビーズ 22mm
B 18mm
B 22mm
B 18mm
D 15mm
ウッドビーズ 18mm バイロン
B 15mm
D 15mm
ウッドビーズ 18mm ロブレス
ウッドビーズ 22mm
D 22mm
B 18mm
中心

※ショーンビーズは全てベージュ
4～6cm

底
フエルト1枚
①フエルトを直径10cmの円形に切ります
5mm / 10cm

本体
底用のフエルトの穴に長編みを編みつけていきます
図を参照しながら9段編んだら糸を切って糸端を始末しておきます

②端から5mmの位置に均等に36個穴を開けます
穴をあけるのは目打ちなどを利用して下さい

オール かぎ針6/0号
バニ かぎ針6/0号

0.5cm
ひも通し位置 1.5cm
⑨⑧⑦⑥⑤④③②①フエルトの穴から(36目)拾う
8cm

底 (フエルト)

ひも (鎖編み) かぎ針6/0号
50cm (90目)

まとめ
D15mm / D15mm
ひもを2本通す
ひも2本の先端にボンドを付けてショーンビーズの中に押し込む

WAC-0006
WAC-0015
B=ニット 〈BK〉
D=プラット 〈BP〉

51

52

frange I

フリンジのプチマフラーとバッグ

ベージュのファーヤーンでシンプルに編んだ
プチマフラーとバッグのセット。
デコレーションビーズと
パールビーズのフリンジがデザインポイント。

[材 料] バッグ

ショーンビーズ	〈BR3012〉	15mm	2
	〈BR8004〉	18mm	1
	〈BR9010〉	15mm	1
		22mm	1
	〈BT2004〉	22mm	1
	〈BT8003〉	22mm	1
	〈BW2001〉	22mm	1
	〈BW8004〉	18mm	1
ルネッサンスパール	col. 504		21
	col. 704		14
	col. 904		7
	col. 1104		8
ショーンシープ〈スタート〉col.9			100g
（ファーヤーン）			

[ゲージ] バッグ

10cm平方でメリヤス編み11目・13.5段

[材 料] プチマフラー

ショーンビーズ	〈BR8004〉	15mm	1
	〈BR3012〉	10mm	1
	〈BT2004〉	18mm	2
	〈BT8003〉	15mm	1
		18mm	1
	〈BT9005〉	15mm	1
	〈BP3003〉	15mm	1
	〈BW8004〉	10mm	2
		15mm	1
ルネッサンスパール	col. 504		19
	col. 704		31
	col. 904		7
ショーンシープ〈スタート〉col.9			50g
（ファーヤーン）			

[ゲージ] プチマフラー

10cm平方でメリヤス編み10目・11段

ショルダーバッグ

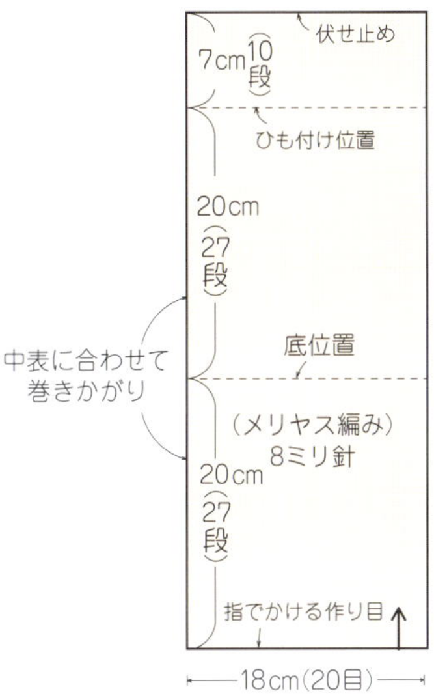

- 伏せ止め 7cm 10段
- ひも付け位置
- 20cm (27段)
- 底位置
- 中表に合わせて巻きかがり
- （メリヤス編み）8ミリ針
- 20cm (27段)
- 指でかける作り目
- 18cm (20目)

ショルダーひも

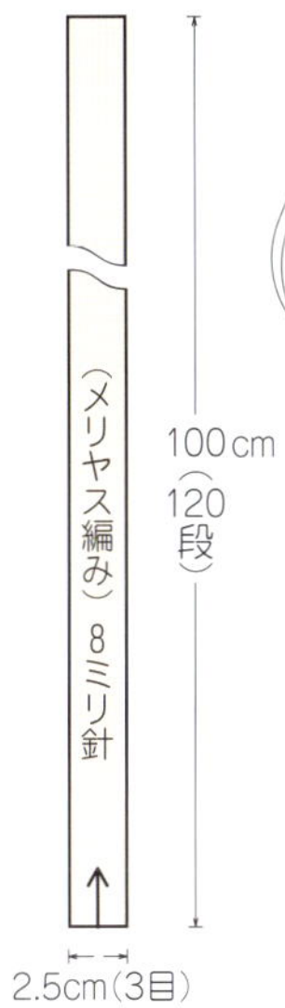

- 47cm 64段
- （メリヤス編み）8ミリ針
- 2.5cm (3目)

まとめ

- フリンジをつける
- かがる

プチマフラー（メリヤス編み）10ミリ針

- 伏せ止め
- 70cm 72段
- 100cm 120段
- 指でかける作り目
- 10cm (10目)

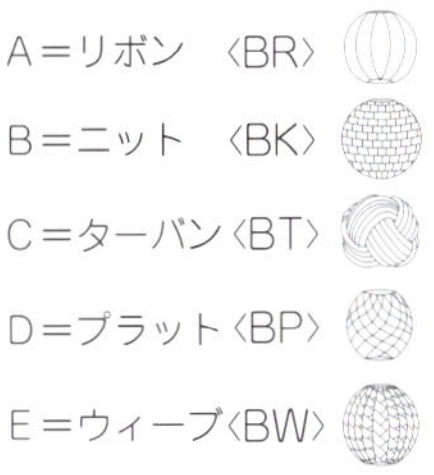

A＝リボン〈BR〉
B＝ニット〈BK〉
C＝ターバン〈BT〉
D＝プラット〈BP〉
E＝ウィーブ〈BW〉

ビーズの配置図 ショルダーバッグ（ベージュ）

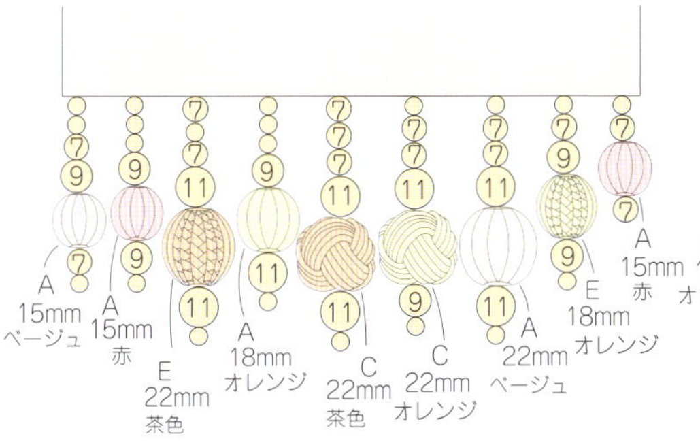

⑦ ⑨ ⑪ A 15mm ベージュ
A 15mm 赤
E 22mm 茶色
A 18mm オレンジ
C 22mm 茶色
C 22mm オレンジ
C 22mm ベージュ
E 18mm オレンジ

※フリンジの位置はバランスを見て決める

ビーズの配置図 プチマフラー（ベージュ）

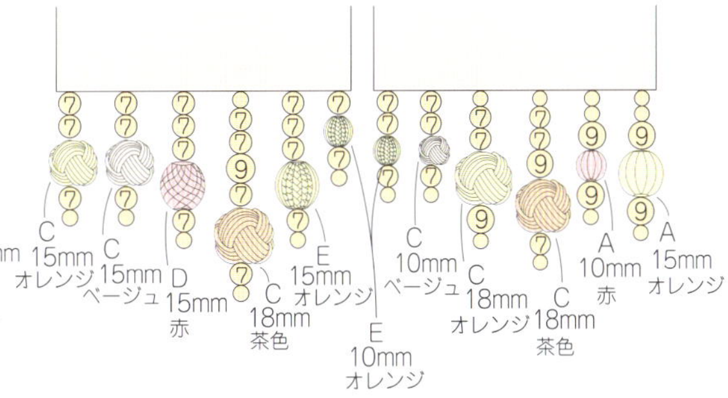

C 15mm オレンジ
C 15mm 赤
D 15mm 茶色
C 15mm 茶色
E 10mm オレンジ
C 18mm オレンジ
C 10mm オレンジ
A 15mm ベージュ

○ の中の数字はパールの大きさ　○＝未記入はすべて5mmのパール

フリンジの作り方

①編み糸を割って縫い糸を通す
玉結び

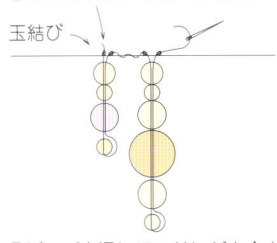

②ビーズを通してフリンジを1本
作ったら最初と同様に糸を割る
ようにして針を出し玉止めする

糸は切らずに次のフリンジの位
置まで編地を縫い進み、同様に
次のフリンジも作る

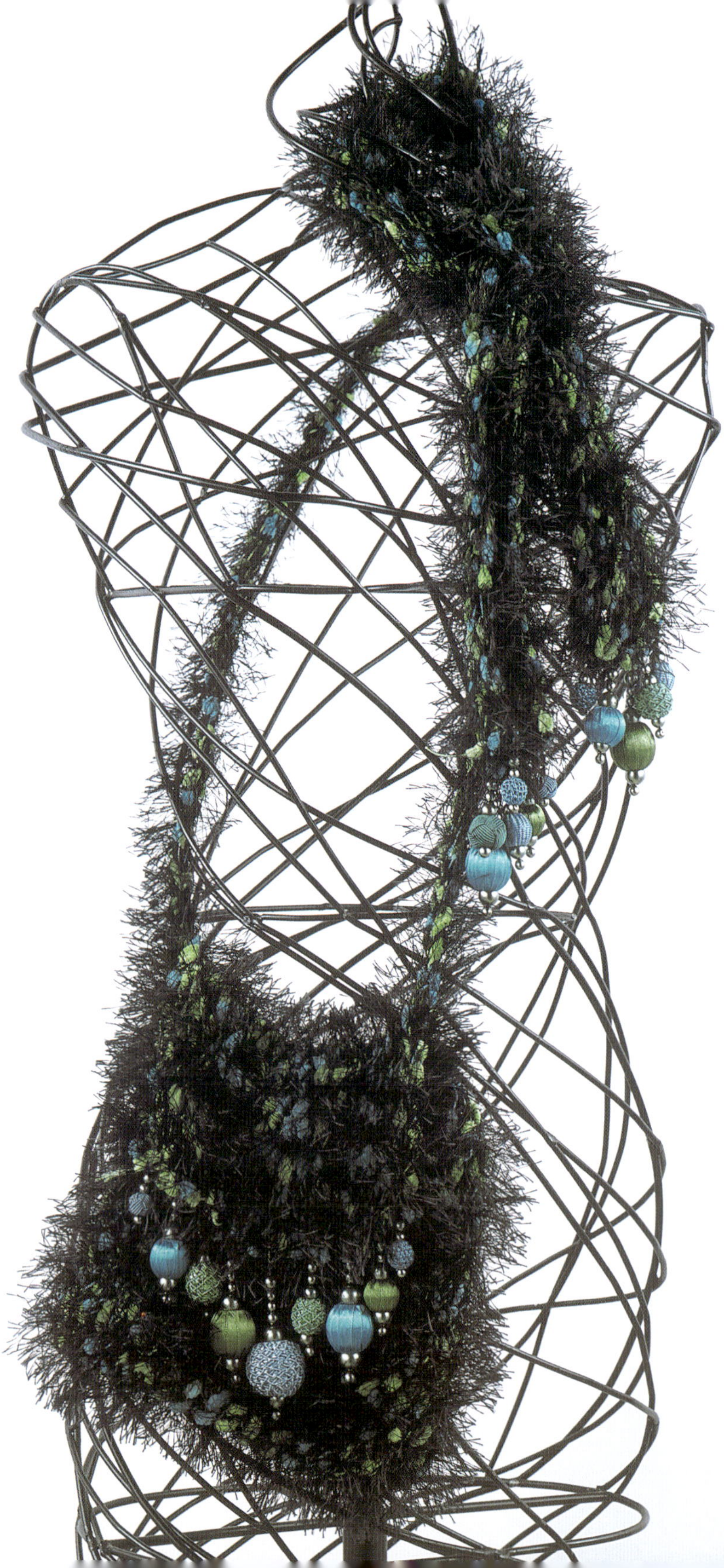

flange II
フリンジのプチマフラーとバッグ

黒のファーヤーンにブルーとグリーンが混じった
糸でプチマフラーとバッグを編みました。
同系色のデコレーションビーズフリンジが
素敵です。

[材 料] バッグ
ショーンビーズ 〈BR5004〉 18mm 1
　　　　　　　　　　　　 22mm 1
　　　　　　 〈BR6002〉 15mm 1
　　　　　　　　　　　　 22mm 1
　　　　　　 〈BK5006〉 10mm 1
　　　　　　 〈BT5003〉 10mm 1
　　　　　　 〈BP5003〉 22mm 1
　　　　　　 〈BP6004〉 15mm 1
　　　　　　　　　　　　 18mm 1
ルネッサンスパール col. 508 21
　　　　　　　　　 col. 708 11
　　　　　　　　　 col. 908 5
　　　　　　　　　 col.1108 8
ショーンシープ〈スタート〉col.39 100g
（ファーヤーン）

[ゲージ] バッグ
10cm平方でメリヤス編み11目・13.5段

[材 料] プチマフラー
ショーンビーズ 〈BR5004〉 18mm 1
　　　　　　　　　　　　 22mm 1
　　　　　　 〈BR6002〉 15mm 1
　　　　　　　　　　　　 22mm 1
　　　　　　 〈BK5006〉 10mm 2
　　　　　　 〈BT5003〉 10mm 2
　　　　　　 〈BT6003〉 18mm 1
　　　　　　 〈BP5003〉 15mm 1
　　　　　　 〈BP6004〉 15mm 1
　　　　　　 〈BW5003〉 15mm 1
ルネッサンスパール col. 508 26
　　　　　　　　　 col. 708 14
　　　　　　　　　 col. 908 9
　　　　　　　　　 col.1108 4
ショーンシープ〈スタート〉col.39 50g
（ファーヤーン）

[ゲージ] プチマフラー
10cm平方でメリヤス編み10目・11段

ショルダーバッグ
伏せ止め
7cm 10段
ひも付け位置
20cm (27段)
中表に合わせて巻きかがり
底位置
20cm (27段)
指でかける作り目
18cm (20目)
(メリヤス編み) 8ミリ針

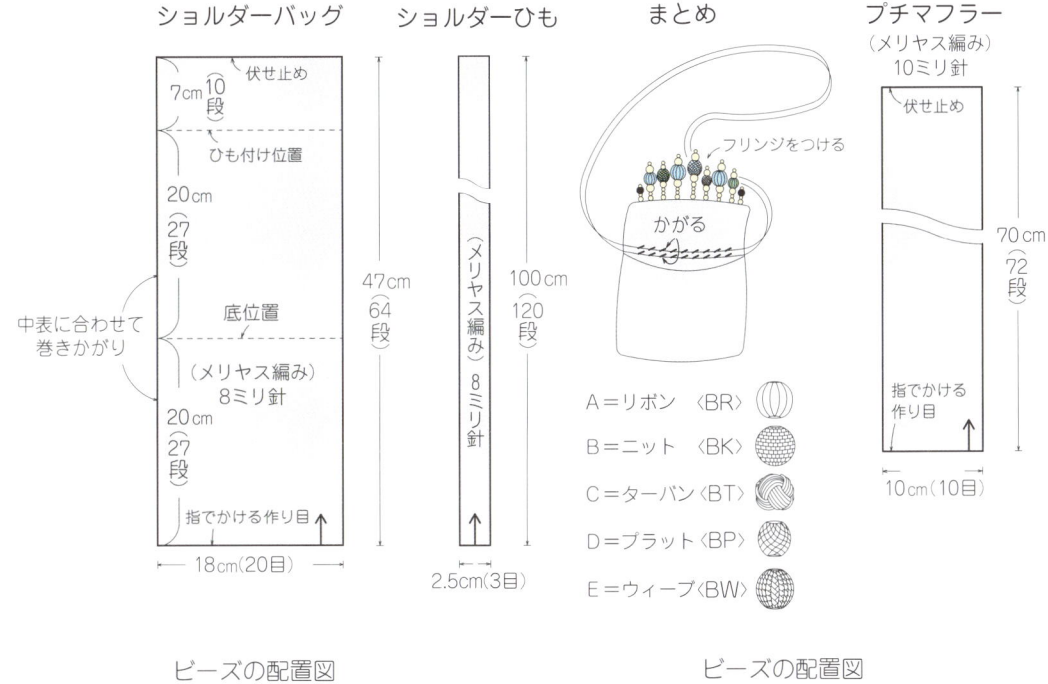

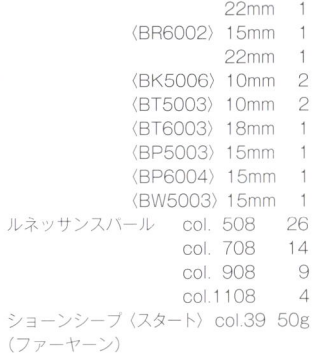

ショルダーひも
(メリヤス編み) 8ミリ針
47cm 64段
100cm 120段
2.5cm (3目)

まとめ
フリンジをつける
かがる

プチマフラー
(メリヤス編み) 10ミリ針
伏せ止め
70cm 72段
指でかける作り目
10cm (10目)

A = リボン 〈BR〉
B = ニット 〈BK〉
C = ターバン 〈BT〉
D = プラット 〈BP〉
E = ウィーブ 〈BW〉

フリンジの作り方
① 編み糸を割って縫い糸を通す
玉結び

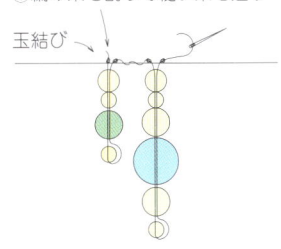

② ビーズを通してフリンジを1本
作ったら最初と同様に糸を割る
ようにして針を出し玉止めする

糸は切らずに次のフリンジの位
置まで編地を縫い進み、同様に
次のフリンジも作る

ビーズの配置図 ショルダーバッグ (黒)

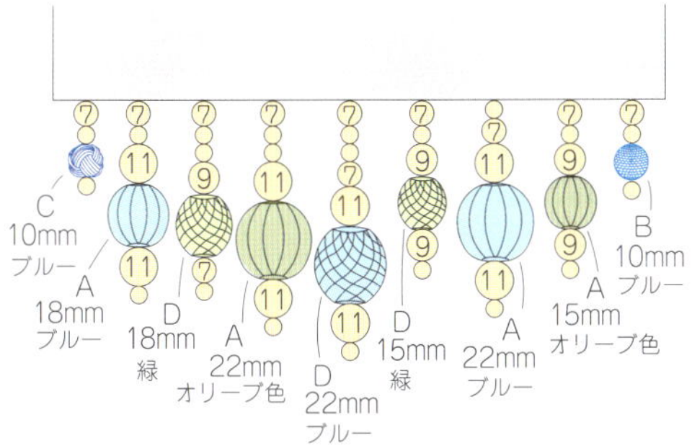

B 10mm ブルー
A 18mm 緑
D 22mm ブルー
A 22mm オリーブ色
D 15mm 緑
A 22mm ブルー
D 15mm オリーブ色
B 10mm ブルー

ビーズの配置図 プチマフラー (黒)

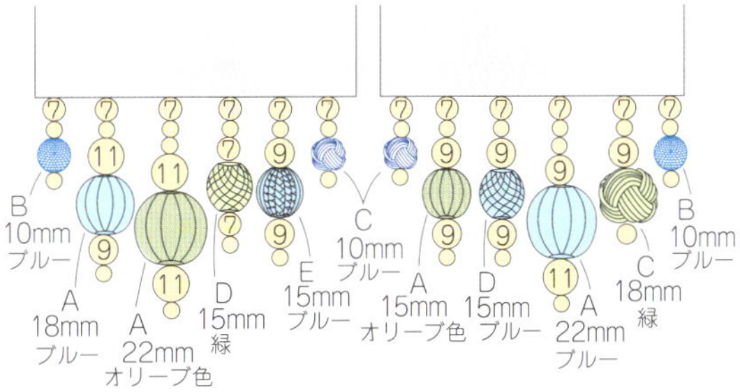

B 10mm ブルー
A 18mm 緑
D 22mm ブルー
C 15mm オリーブ色
E 15mm ブルー
A 15mm 緑
D 15mm オリーブ色
C 15mm 緑
A 18mm ブルー

※フリンジの位置はバランスを見て決める　　〇の中の数字はパールの大きさ　　〇=未記入はすべて5mmのパール

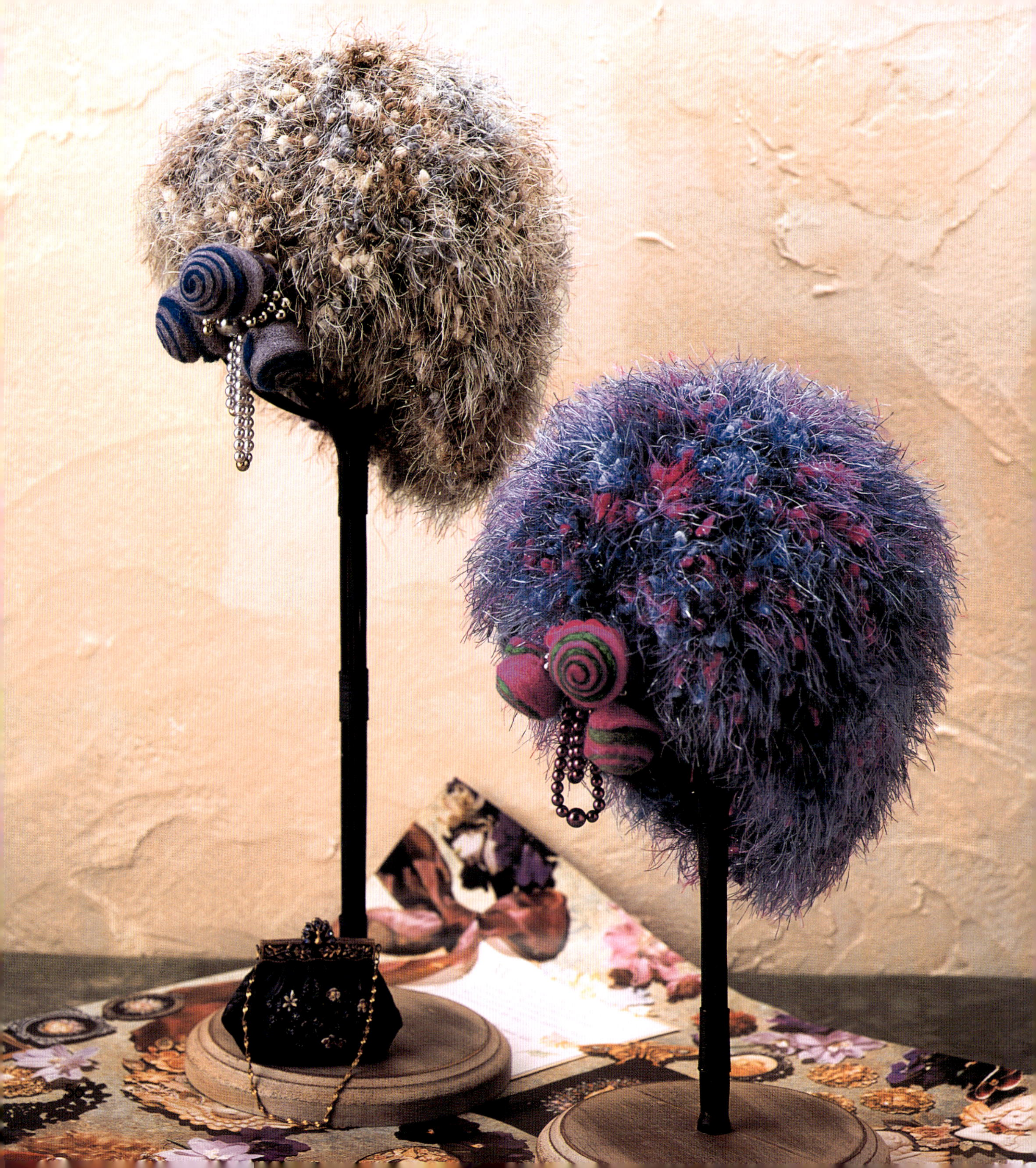

coiffure

フェルトアクセサリー付き ニットキャップ

らせん模様のフェルトパーツと
ルネッサンスパールで
アールデコ調に編み上げたニットキャップ。
個性的なおしゃれにいかがでしょう。

[材 料] (写真左)
ショーンフェルト〈WW-43〉
 ラウンドフラワー 204   3
 ルネッサンスパール   col. 506   36
        col. 504   21
        col. 704   1
        col.1306   1
フェルトcol.409 濃いピンク 約10×5cm 1
ブローチピン   35mm   1
毛糸 ショーンシープ〈マンゴ〉col.19 45g

[材 料] (写真右)
ショーンフェルト〈WW-43〉
 ラウンドフラワー 202   3
 ルネッサンスパール   col. 507   36
        col. 707   1
        col. 907   1
        col.1307   1
        col. 508   20
フェルトcol.176 薄紫 約10×5cm 1
ブローチピン   35mm   1
毛糸 ショーンシープ〈マンゴ〉col.10 45g

[ゲージ]
10cm平方でメリヤス編み18目・25段

帽子

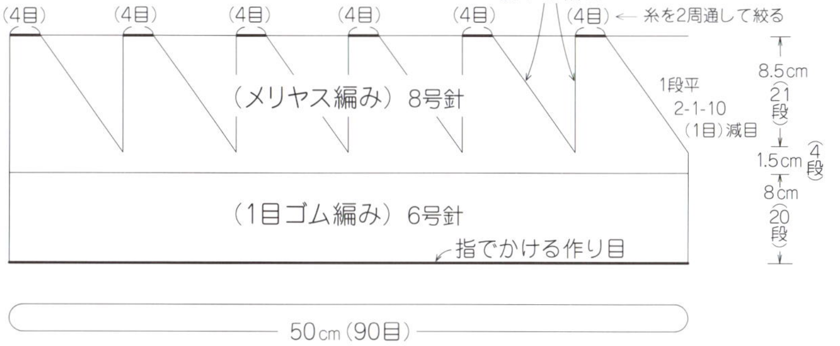

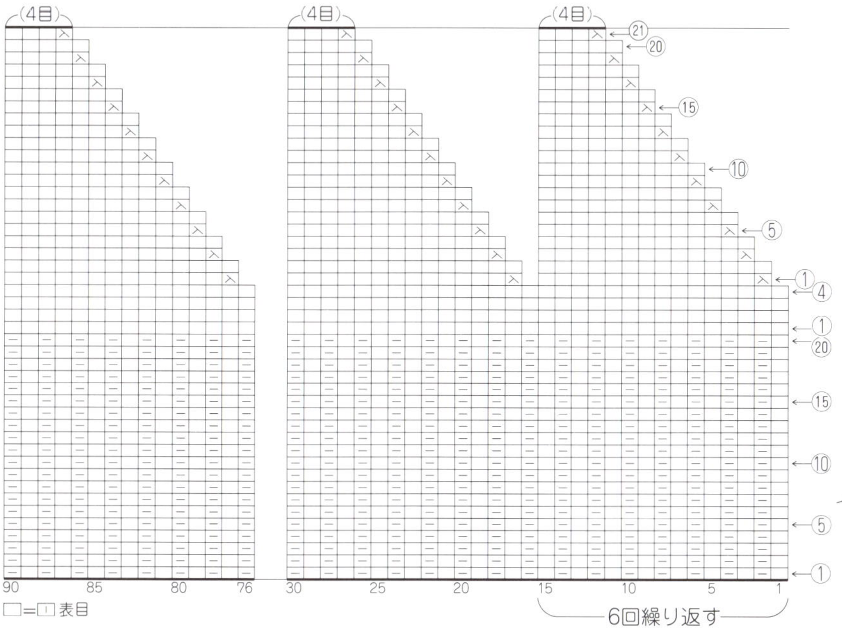

（メリヤス編み）8号針
（1目ゴム編み）6号針
指でかける作り目
50cm（90目）
続けて編む
糸を2周して絞る
1段平
2-1-10
(1)減目
8.5cm 21段
1.5cm 4段
8cm 20段
6回繰り返す
□ = | 表目

ブローチ

① フェルトの土台を用意します
 2枚 4.5cm × 4.5cm

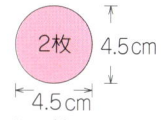

② 中心にパールビーズをつけます
 フェルト 1枚
 パール 13mm

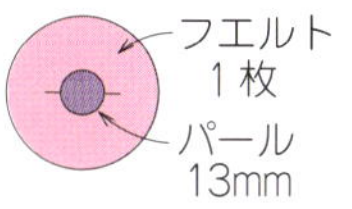

③ ラウンドフラワーを付けます
 ラウンドフラワー（赤紫）
 縫い付ける

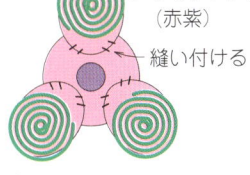

④ ラウンドフラワーとパールの間にフリンジを作ります 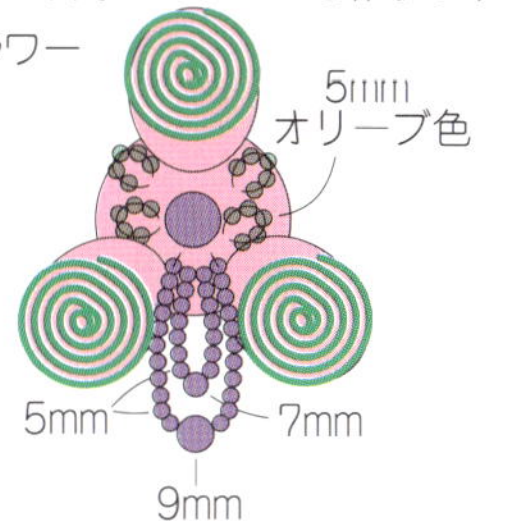
 5mm オリーブ色
 5mm
 7mm
 9mm
 ※指定以外は全てワイン色のビーズ

⑤ もう1枚のフェルトにブローチピンを付けます

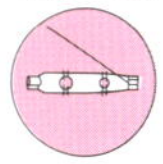

⑥ 3と4のフェルトを2枚外表に合わせて回りをかがります

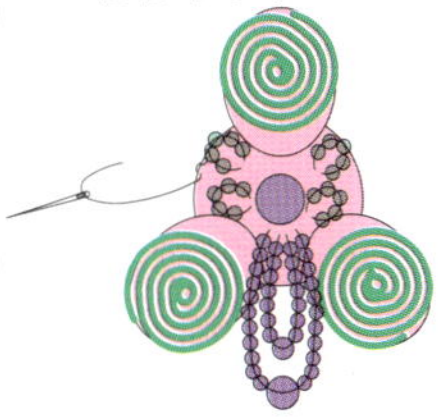

左写真のブローチ パール配置図

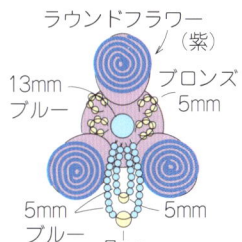

ラウンドフラワー（紫）
13mm ブルー
5mm ブロンズ
5mm ブルー
5mm
7mm ブロンズ

57

あなたに感謝しております
We are grateful.

手づくりの大好きなあなたが、
この本をお選びくださいましてありがとうございます。
内容の方はいかがでしたか？
本書が少しでもお役に立てば、こんなうれしいことはありません。
日本ヴォーグ社では、手づくりを愛する方とのおつき合いを大切にし、
ご要望におこたえする商品、サービスの実現を常に目標としています。
小社および出版物について、何かお気づきの点やご意見がございましたら、
何なりとお申し出ください。
そういうあなたに、私共は常に感謝しております。

株式会社日本ヴォーグ社 社長 瀬戸 信昭
fax03-3269-7874
voice@tezukuritown.com

著者プロフィール 瀬戸 まり子　Mariko Seto
手芸家。東京在住、東洋英和女学院英文専攻科卒。Angel's Garden by Mari Seto主宰。飯田深雪アートフラワー、ふしぎな花倶楽部押し花、デコパージュの講師。またキルト、ビーズ、リボン刺繍、タッティングレースなど多くの手芸に携わる。アメリカ・フェアフィールド社の招待作家として'99年から'01年までウェアブルキルト作品を全米ファッションショーに出品する。小社クリエーターズ・ギルド企画室長として昨年全国4ヵ所の手芸イベント、クラフトフェスタをプロデュース。アメリカのキルト専門誌『QUILTER'S NEWSLETTER MAGAZINE』、小社専門誌『キルトジャパン』に作品を発表する。

Decoration Beads
おしゃれなデコレーションビーズ

発行日/2007年11月6日
著　者/瀬戸 まり子
発行人/瀬戸 信昭
編集人/小林 和雄
発行所/株式会社日本ヴォーグ社
〒162-8705東京都新宿区市谷本村町3-23
電話　販売/03-5261-5081
　　　編集/03-5261-5083
　　　振替/00170-4-9877
出版受注センター/048-480-3322（電話）
　　　　　　　　/048-482-2929（FAX）
印刷所/錦プロデューサーズ株式会社
Printed in Japan ©M.Seto 2007

○本書の複製権・翻訳権・上映権・譲渡権・公衆送信権（送信可能化権を含む）は株式会社日本ヴォーグ社が保有します。

JCLS〈（株）日本著作出版権管理システム委託出版物〉
本書の無断複写は著作権法上での例外を除き禁じられています。複写される場合は、そのつど事前に（株）日本著作出版権管理システム（電話03-3817-5670,FAX 03-3815-8199)の許諾を得てください。
万一、乱丁本、落丁本がありましたら、お取り替えいたします。

この本で使用している素材はすべて内藤商事株式会社のものです。
お問い合わせは下記にお願いいたします。

内藤商事株式会社　〒103-0004東京都中央区東日本橋2-23-2
　　　　　　　　　TEL03-3866-8225

手づくりを応援するポータルサイト［手作りタウン］ http://www.tezukuritown.com

Mail Shopping おしゃれなデコレーションビーズ

本誌掲載作品の一部をキットとして通信販売いたします。お申込方法は、裏面をご覧ください。

各キットには作品制作に必要なデコレーションビーズ、パーツ、生地などの材料一式が入っています。

作品づくりには、ピンセット、平ヤットコなど道具が必要な場合があります。道具については、本誌作り方ページをご参照ください。

本誌掲載作品でも、この「メールショッピング」ページ内で案内されていない作品は、キットの通信販売はございません。ご了承ください。

レーズンカラーのロングネックレス
10ページ掲載　商品番号 018128
¥3,300 (税込¥3,465)

ムール貝色のチョーカー
12ページ掲載　商品番号 018138
¥2,300 (税込¥2,415)

マッシュルームのチョーカー
12ページ掲載　商品番号 018137
¥2,300 (税込¥2,415)

海の色のロングネックレス
14ページ掲載　商品番号 018135
¥3,300 (税込¥3,465)

シェルチャームのチョーカー（黒）
29ページ掲載　商品番号 018127
¥3,600 (税込¥3,780)

シェルチャームのチョーカー（白）
31ページ掲載　商品番号 018140
¥3,600 (税込¥3,780)

デイジーのバッグチャーム（赤紫）
32ページ掲載　商品番号 018142-01
¥1,400 (税込¥1,470)

デイジーのバッグチャーム（黄緑）
32ページ掲載　商品番号 018142-02
¥1,400 (税込¥1,470)

デイジーのバッグチャーム（紫）
32ページ掲載　商品番号 018142-03
¥1,400 (税込¥1,470)

右記広告で、紹介しております
ショーンピース（デコレーションピース）の単品も、通信販売で承ります。商品名、商品番号、色番号（下4桁の数字）をお伝えください。

ショーンピース・リボン 商品番号 018148
ショーンピース・ニット 商品番号 018149
ショーンピース・ターバン 商品番号 018150
ショーンピース・ウィーブ 商品番号 018151
ショーンピース・ブラット 商品番号 018152
ショーンピース・スワール 商品番号 018153

★作品づくりにおすすめの道具
ピンセット（鶴首タイプ） 商品番号 018134
5ページ掲載 ￥250（税込￥262）
デコレーションピースに布やリボンを通すときに使う鶴首タイプのピンセットです。

フリンジのプチマフラー 商品番号 018146
54ページ掲載 ￥2,400（税込￥2,520）

フリンジのバッグ 商品番号 018145
54ページ掲載 ￥3,000（税込￥3,150）

フェルトアクセサリー付きニットキャップ（紫・写真右） 商品番号 018147-01
56ページ掲載 ￥2,400（税込￥2,520）

フェルトアクセサリー付きニットキャップ（ベージュ・写真左） 商品番号 018147-02
56ページ掲載 ￥2,400（税込￥2,520）

ベージュのロングネックレスとニットポーチ 商品番号 018141
51ページ掲載 ￥4,200（税込￥4,410）

赤いカメリアのブローチ 商品番号 018144
44ページ掲載 ￥2,000（税込￥2,100）

白いカメリアのブローチ 商品番号 018143
46ページ掲載 ￥2,000（税込￥2,100）

＊申し込み期間は2008年9月30日（火）まで

メールショッピングご利用方法

ご注文
- TEL 0120-923-258 受付時間：午前9:00〜午後5:00（日・祝日は休みです）
- FAX 0120-923-147 24時間ご利用いただけます。
- はがき 巻末の「注文はがき」をご利用下さい。ご住所、お名前には必ずフリガナをつけてください。（ご注文金額は税抜金額をご記入ください）
- お届け ご注文の日（はがきの場合は小社到着後）から、10日前後でお届けいたします。特定の商品に注文が集中したとき、発送が遅れたり品切れになる場合がありますその際ははがきにてご連絡いたしますので、ご了承ください。

お支払
商品到着後1週間以内に、商品に同封の「払込取扱票」にて、お近くの郵便局または全国のコンビニエンスストアよりお振込みください。（振込み手数料は小社が負担いたします）
「代金引換」「クレジットカード」でもお支払いができます。代金引換をご希望の場合は、代金引換手数料315円（税込）のご負担をお願いします（ご本人様以外不可）。「クレジットカード」に関しては、〈フリーダイヤル0120-923-258〉までお問合せください。

配送料
- 1回のご注文につき、配送料の一部として525円（税込）のご負担をお願いいたします。
- 1回のご注文金額が10,000円以上（商品代金のみ）の場合、配送料が無料になります。
- 商品代金は消費税別になります。

お取り替え・返金
- 商品が万一発送中の事故などで破損、汚損したときは、小社責任でお取り替えいたします。商品到着後1週間以内に同封の「返品連絡票」に必要事項をご記入し、ご返送ください。
- お客様都合での返品（商品がお気に召さないなど）の場合、返品料はお客様負担いただきます。
- ご使用後の商品の返品・交換はご遠慮ください。

お問い合せ
手づくりタウンカンパニー TEL 03-5261-5080
（受付時間 9:30〜17:30土・日・祝除く）
〒162-8705 東京都新宿区市谷本村町3-23